「いい会社にしたい！」と願っている経営者のあなたへ

小さな会社のマーケティングとは

籔田　博大

ほおずき書籍

何故、私が、この本を出版することになったのか？

はじめに

私は、20歳代前半の時は、寝る間もなく大手流通業を中心としたチラシなどのグラフィックデザインや広告制作に携わってきました。深夜までの仕事をして、その後、毎日のようにクリエーターたちと語るために六本木などの当時人気のカフェバーに行き楽しんでいました。

週末には、一日中寝ている時の他に、時間を見つけては、高速を利用して磯釣りに出かけていました。伊豆の下田の離島に渡船で行きメジナを釣るのですが、コマセやウキ下、潮の流れなどを模索し、大物をゲットした時は、疲れも吹き飛び幸福感を味わっていました。

釣果を得るためには、まず、魚のいるところでトライをする必要があります。渡船選びや釣り場を選ぶことも重要な要素です。そして、なにより魚の習性を知る必要があります。忙しい中ですが書店に通い勉強をしました。また、磯釣りに詳しい釣具や新聞などの専門家などから情報収集を行っていました。

現在は、信州に移住して、時折、渓流でフライフィッシングをして、イワナ・ヤマメを追いかけています。

マーケティングとは、釣りに似ています。お客さまの習性を学び、その変化を察知して、プランづくりをします。釣りと同様、成果が得られないときもしばしばあります。しかし、腕を上げてくると、失敗の数も少なくなってきます。それでも常に失敗がありま す。また、マグレのような偶然の釣果にも遭遇します。

釣りでは魚のいない所でいくら最高の道具を用いても成果は得られません。また、魚が食欲がない時も同様です。マーケティングも顧客のいないゾーンや顧客が価値を感じないモノを提供しても成果が得られません。

ですが、失敗は成功するためのスタート地点だと考えると、結果的には成果が得られます。そして、マーケティングも釣りも楽しく自分が幸せになることが大切です。マーケティングは、人を幸せにして、自分も幸せになります。

マーケティングでは、自分だけではなく、社員、お客さま、地域の人々を幸せにできるのです。

自分が幸せな気分になると顧客・社員・家族などに幸せを振りまくことができます。

顧客や社員が喜んでくれることがイメージできると他人には信じられないほどの努力を

することができます。そして、ビジョンやミッション達成のために、顧客を知るためのマーケティングや市場の変化に目を向けることができます。

そんな意味で、この本を読んで多くの経営者が多くの幸せづくりができれば、私がこの本を書いた目的を達します。

変化の時代

ハイスピードで変化する時代だと言われています。しかし、ローカルの小さな会社の経営者には「何も関係ない」と感じているのか、現状の問題解決だけにフォーカスしていて、先のことを見る余裕がないのでしょうか？　変化を恐れているのか？「今のままでなんとか？」「そのうち……」とお考えなのもしれません。

しかし、会社経営には、常に問題は発生します。会社が成長して新しい問題は必ず発生します。常に問題は、どの段階でも発生します。

ですから、目の前の問題だけにフォーカスしてはいけません。目の前の問題だけに目を奪われるのでは、アフリカで暮らすライオンと同じです。ライオンの王者は、縄張りを守ることだけにフォーカスして、継続的な繁栄の仕組みづくりを行いません。そして、歳をとると、自分が縄張りを獲得した時と同じように若くて強いライオンにその縄張りと命を奪われます。

産業革命後、技術革新により、世の中は豊かになりました。主婦は、家電製品の進歩により社会に出て働くことができるようになりました。ＳＮＳとスマートフォンにより、どこにいても世界の情報を一瞬で取得でき、世界の人と文化にも触れ、コミュニケーションができます。自動運転技術の進歩により、高年齢者によるブレーキとアクセルの踏み違え事故で悲惨な被害者を発生させることもなくなります。

そして、自動車修理や保険業の需要は減ります。

このような技術革新は、マーケティングを容易にしてくれます。そしてＡＩ（人工知能）が、今までビジネス・医療・学問などの分野で蓄積したノウハウによって、私たちの仕事をより効率的にしてくれます。働き方改革などはテクノロジーが実現させてくれます。

そのとき、人はどう変化するのか、そこにフォーカスする必要があります。「仕事」そのもののあり方や「生活」そのものにも大きな変化が起きるでしょう。人々の「価値観」が変わることによってビジネス自体の概念もパラダイムシフトします。ですが、それらは、人々をより豊かな生活に導いてくれます。

この変化に対応するには、「顧客を見る」「顧客の変化を見る」というマーケティングの考え方が一番重要になるのではないでしょうか。

そして、それを仕組みとして企業は取り入れ、必要性が高まります。

この本を書いた理由

この本を書いた理由、それは、私が自身の経験により得たマーケティングに関する考え方を小規模企業の多くの経営者にお伝えすることが、成長を目指す企業戦略の一助になれば、という思いからです。なぜなら、多くの経営者がマーケティングという言葉が好きではないようだからです。ですから、マーケティングについて学んでいないのが現実なのでしょう。企業が収益を獲得する一番大切で基本的な要素は、人財育成とマーケティングだと私は考えます。

一般の方にも〝もしドラ〟で有名になった経営思想家のP・F・ドラッカーも数々の書籍で、企業を構成するのは、「マーケティング」と「イノベーション（顧客の創造）」だと説いています。私の経営に対する考え方の基本の一つは、このドラッカーから大きな影響を受けています。

10年前に日本に帰ってきて多くのローカルの小規模企業経営者と接して感じたのは、せっかくいい仕事をしているのに、マーケティングを活用していないことでした。

そこで、専門用語をできるだけ使用せずに私のマーケティングに関する考え方を分かりやすくまとめた小さな会社向け（社員1名から社員200名以下）の本を出版することを決意しました。

そうした多くの経営者は、「先の見えない事業を承継した経営者」と「起業家」に分けられます。起業家のほうが未成熟なので行動力もあり、マーケティングについても、比較的強い興味を示します。また当然ですが、若い経営者ほど、マーケティングを学ぶ意志は高いのですが、実際、行動力に影響を及ぼせている経営者は多くはありません。知識を知恵にする素直さが、あまりないようです。その理由としては、「どうせ、この規模の企業だから……」と自分で成長することに制限をしているように思われます。

ですから多くの経営者は、自社の商品（サービス・製品も含む）をどのような行動心理でお客さまが購入しているのか？その理由の分析を行っていないようです。自社が顧客に求められている価値や継続的に受注を拡大する方法などを真剣に考えようとしません。そして、継続的に業績アップをする方法を学んでいません。

自社のターゲットの思考の変化などを検討していないことで、大きなビジネスチャンスを失っています。よって、自社のターゲットも明確に絞り込めません。そして、全国チェーンやFC店、全国展開を行っている企業が地方に進出してきます。そして、多くの顧客を奪われていくのです。

私は、国内外でですが、その小さな企業のシェアを奪う側の仕事を長年してきました。よって、奪う側のマーケティングは手に取るように分かります。

小さな会社を一生懸命経営する経営者の時間がないことは分かります。しかし、継続して成長する売上確保策を模索するのは、社員の将来までの責任を負うということではないでしょうか。

マーケティング戦略を立てるための学びは、明らかに経営者の仕事です。そして、小さな会社の経営で一番大切な経営資源を私は、人（社員）と現金だと考えています。その現金は、自社に価値を感じてくれる人（＝ユーザー）が、どのくらいいるのか？　そういう潜在顧客からの信頼度や信頼の質に比例すると考えます。

そして最終章では最も重要な企業の成長のための設計図でもあるマーケティングの仕組みづくりについて説明したいと思います。

現金預金を増やすには、利益の高い売上を確保する必要があります。もしくは利益を抑え、他社と大きな差をつけ大量販売をして現金を集めるしかありません。そのためにもマーケティングを学び、その仕組みをつくり、継続して成長する必要があります。なぜなら、継続的に成長する売上確保を行うことが、小さな会社の経営には必要だからです。

例えば、小さな会社のほとんどの経営者は、広告を出稿するときには、経費にフォーカスするだけで、成果が得られず、広告代理店・ウェブ制作会社・印刷会社などの餌食になっています。つまり、結果について責任のない人がまとめたいい加減な考え方や情報で自社の広告を出稿してしまいます。そして、結果が得られないことで、「広告」自体の経費を削ってしまうのです。それが進むと広告自体に不要感・不信感を持ってしまいます。

その逆にマーケティングを学んで、その仕組みができていると成長が継続します。それらを実行している飛躍的な成長を果たしている企業もたくさんあります。そんな企業も本書の中で紹介します。

私は、多くの経営者に、自社にあった正しいマーケティングを学んで、自社を大きく成長させてほしいのです。私は、いい仕事をしていても、マーケティングを学んでいないために大きな成長ができていない企業を、残念ながら毎日のように見ています。

小さな会社の定義

まず、この「小さな会社」の定義をしなければなりません。従業員200名以下程度として考えてみましょう。また起業家であれば、そのビジネスのサイズは問いません。また、50名から200名程度の従業員数でも業種によれば、小さな会社になるのかもしれません。

ですから、社員1名から社員200名以下を一応の目安にしてみました。そして、それらを一括りに「小さな会社」として定義しても、ビジネスの成功方法、それに対するマーケティング手法は、複数あります。ですが、私も小さな会社の経営者です。小さな会社をクライアントとするウェブ制作会社・マーケティングコンサルタント会社の経営者なのです。会社の規模より、企業の将来性のほうが重要です。加えて、その企業がどこを目指しているのか？　それらが重要です。よって、従業員1000人以下でも小さな会社なのかもしれません。

私が最も多く遭遇する小さな会社は、問題点の抽出や改善点を探していません。ですから何度もお伝えしますが、大きく飛躍するための小さな会社向けのマーケティングを学んでほしいのです。

現在、多く出版されているマーケティング教本やネット上に蔓延するコンテンツは、そのターゲットが大手企業向け、もしくは、ただお金儲けのハウツーものです。そして、いかにも「自分は成功者」のように語るコンテンツビジネスを行う人たちによる経営コンサルタント的に発信される情報が溢れています。日本の73％以上がこの中小企業の最下部に位置する、従業員200名以下程度の企業です。そしてそれらの企業向けの優れたマーケティングの書籍は、あまり見かけません。

お客さまが集まってくる仕組みづくり

中小企業の最下部の経営者をターゲットにしたビジネス本は売れません。また、本書のような具体的手法の記述のない本も同様かもしれません。ですが、私は、私が日々感じている小さな会社が成長するための要素を記載することにしました。これからの先行きに苦しみ、悩む経営者に、本書を読んで知ったことをすぐに実行して、大きく飛躍する企業を作っていただきたいからです。

ここで、解説するマーケティングとは、「企業のすべてのチカラを結集して、お客さまが集まってくる仕組みづくり」のことを意味します。言い換えると「顧客から〝ありがとう〟を集める」いうことです。よって本書では、広告の考え方なども一部には解説はしますが、それを私はマーケティングとは呼びません。単なるセールスプロモーションです。むしろ、セールスプロモーション以外の部分に、商品・サービス・製品を売るのには重要な要素と経営的な要素がたくさんあるとも私は考えます。それを私は「マーケティング」と、この本では定義づけます。

営業とは、販売に向けて、買い手と売り手の関係になります。ですから、営業マンは自己の営業数字だけにフォーカス（集中）するとその姿勢は自然とお客さまに悟られ、思うような成果を得ることはできません。マーケティングのもう一つの意味は、「お客さまに幸せを提供する」戦略とも言えるでしょう。

ですから、攻撃（売り込み）をする営業ではなく、お客さまを引き寄せる、お客さまが自社に集まってくる戦略をとることが大切になります。よって、その基本概念は、自社をお客さまから選んでもらうための戦略です。すなわち、戦略であるマーケティングなしに、そのもとになる企業理念や経営計画は立案できません。そして、自社が「お客さまに何ができるのか？」にコミットしていなければなりません。

言い換えれば、最良のマーケティングは、お客さまや社会に奉仕する優れた経営理念でなければならないということです。

しかし、優れた経営理念を持っていても、多くの経営を学んでいる経営者でも、現実的なマーケティング手法について、学んでいない経営者が多いことも事実かもしれません。その優秀な理念は、顧客に対して集約されるものでなければなりません。その戦略と戦術のバランスも必要になります。

まず、本書を読んでいただき、行動を起こし、自分なりの気づきを発見してください。そして、企業成長のためのマーケティングを更に活用して、継続的に成長できるワンランク上のいい会社にしてください。

孫子の兵法のマーケティング的解釈

孫子の兵法「彼を知り己を知れば百戦殆うからず」とは、敵についても味方についても情勢をしっかり把握していれば、幾度戦っても敗れることはないということですが、この敵とは、競合他社のことではなく、私はユーザーである顧客のことだと解釈します。

この孫子の兵法を活用すると、自社の人材と顧客を見ることが、企業の成長を促進させるファクター（要素）になります。

マーケティングとは、「顧客を見続ける」とも解釈してください。自社の都合は一切関係のない、言い訳のできない経営に重要な項目なのです。

『コトラーのマーケティング4.0　スマートフォン時代の究極法則』（朝日新聞出版）の、「新しいタイプの顧客の登場」という章で、「Marketing」という言葉は、「Market－ing」と表記するべきだと書いています。つまり、「ing」＝「継続」を意味するのです。

ですから、変化する顧客を「見る」ではなく、「見続ける」必要があります。

顧客はワガママです。売り手の勝手な思いは通じません。何故ならば、当たり前のことですが、顧客には選ぶという権限があるのです。買うという義務も責任もありません。

例えば、寒い日に顧客のためにとドリップした熱いコーヒーを提供しても、顧客は、暖房で喉が乾いていて、冷たいものが飲みたいのかもしれません。ですから、「顧客のために」と顧客をコントロールしようと考えると大きなしっぺ返しを受ける結果になる。操作意識を捨て、売る側の視点を捨てて顧客を見続ける必要があるのです。

ただマーケティングのフレームワークに当てはめても、様々なマーケティング手法を利用しても、売上を拡大し続けることはできません。常に顧客の変化を見続けることです。それには、顧客に購入後の期待感を感じてもらうため、「これ欲しい」と顧客がワクワクするアプローチをしなければなりません。そして、B to Bなら「この人に仕事を頼みたい」と感じてもらうためのレバレッジが必要だからです。

セブン&アイ・ホールディングス元代表取締役会長の鈴木敏文さんは、代表の当時、「他のコンビニより顧客が敵のようなものだ」と語っていました。つまり、これは一つの差別化となります。他社より、自社のほうが高いポジションにあることを示します。そして、あくまでも「顧客を見続ける」ということに徹しています。

「戦略」という表記は、「戦」「略」と書きます。つまり、戦いを略するという意味になります。これは社会起業家論を説く多摩大学大学院教授の田坂先生が語っていました。

マーケティングを学ぶことで、この戦略もその次に控える戦術もできるだけ敵のいない、戦わずして企業経営を行う方向に設定する必要があります。

もちろん、そんな戦略や戦術が簡単に作れるわけではありません。しかし、学んだ知識を知恵に変えることで、それは可能だと私は考えます。

最も戦略的に重要なポジショニングマッピング

そのためにポジショニングマッピングは重要になります。図1のポジショニングマップは、私が経営しているウェブ制作会社の例です。

2018年の今、ホームページを所有していない企業は存在しないに等しいでしょう。そして、弊社は上位のウェブ制作会社の高額な仕事を奪い、ホームページからの成果を無視した低価格で受注するウェブ制作会社に仕事を奪われます。

この「奪う」という言葉が私は好きではありません。好きではないことはやるべきことではありません。

しかし、この現実が私に新しい変化の可能性が発見できるチャンスをプレゼントしてくれます。

ですから競争のない、戦いのない市場に事業をシフトさせたいので、図2のポジショニングマッピングを行いました。そして、このマップに沿って現在、事業をシフトしようと考えています。

図1のポジショニングマップでは長野県の弊社のウェブ制作事業の現状を表していま

す。黒丸の業種は、弊社が行っている事業です。いろいろな事業はひしめき合い、競合他社がたくさんあります。

このマップの縦軸は、顧客に与えることができる効果です。横軸は、サービスの価格です。

そして、図1の左上(A)と右下(B)は、どの業態も関わっていないポジションです。すなわち敵のいない市場です。

ですが、(A)の左上の灰色の部分では、価格帯が低く経営が成り立ちません。また、(B)の右下の灰色の部分では、価格は高いですが質の低いサービスを行わなければならないので、事業性はありません。

そこで、ある専門性に絞って作成してみたのが図2のポジショニングマップで

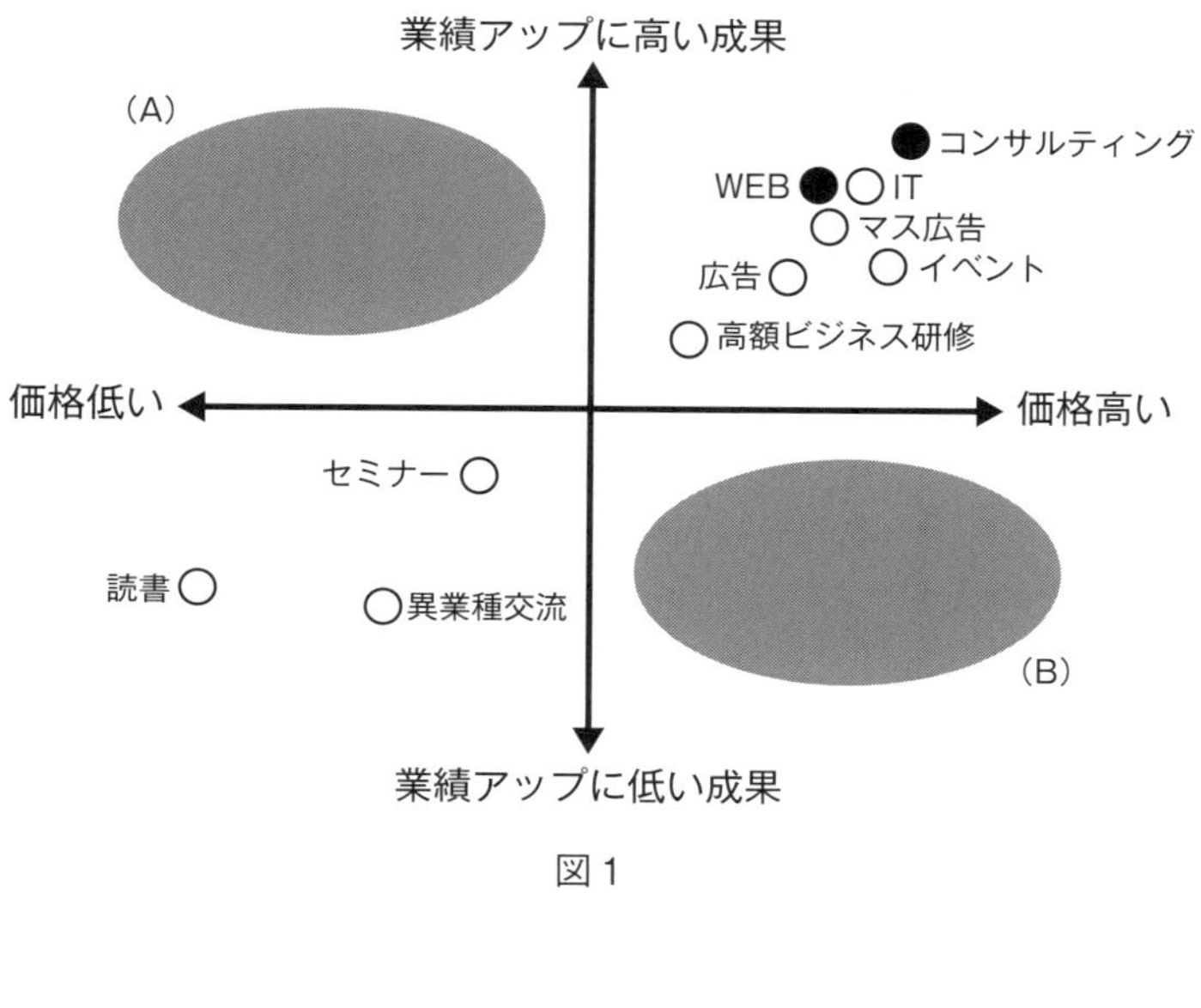

図1

す。もちろん、弊社の得意な業態に対する縦軸を専門性にしてみました。

すると右半分は、真っ白になります。右上は、ウェブ制作事業では、敵のいないオーシャンブルーの領域です。この右上の(C)の部分は需要はそれほど高くなくても、年間1億円に満たない弊社の売上を確保するには十分な市場だと判断できます。

市場性が高くても多くの業態が集まるポジションでは、需要があるのかもしれませんが、敵が多いのです。つまり、誰かを陥れ、自社が勝たなければいけないポジションなのです。

私は、「ビジネスは闘いだ」なんて言っている時代でもないし、「人の不幸の上

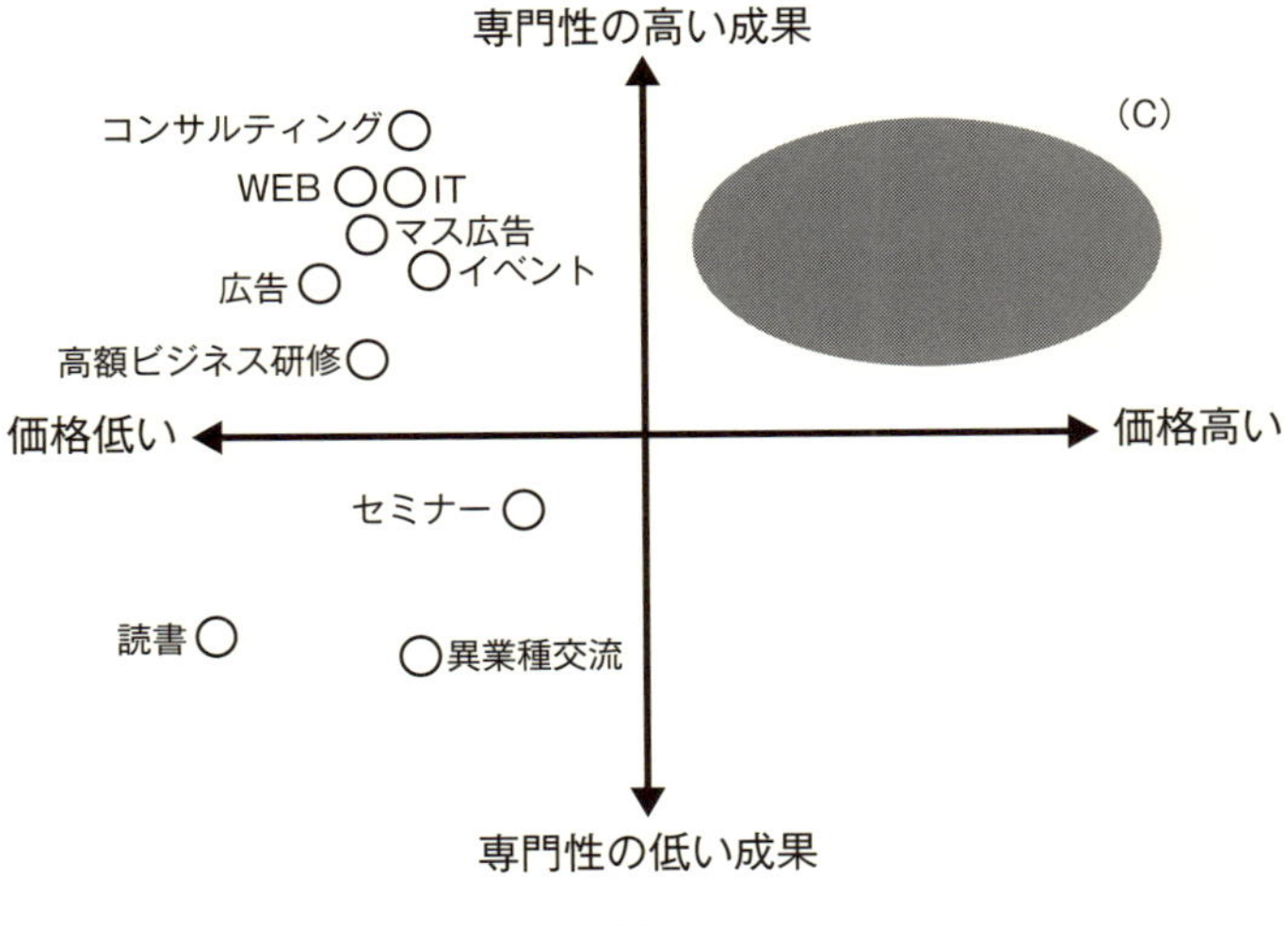

図2

に自分の幸福」を置きたくありません。

何故なら、「幸せの創造」こそが、企業の目的と私は考えているからです。それが私の仕事です。ここでは、経営理念やビジョン・ミッションなどを念頭に入れて、ポジショニングマップを作成することが重要です。

また、このポジショニングマップを同業他社との比較に使うこともできます。

さらに、この同じ専門性の縦軸で、対応エリアのウェブ制作会社を入れてみました。マップをお見せできませんが、あなたも自社のポジションから縦軸・横軸を変えてポジショニングマッピングを行ってください。

あのレディ・ガガのＳＮＳの掟には、「ユーザーはモンスターだ」というものがあると彼女の発言をまとめた海外のブログに紹介されていました。「顧客は、自分勝手で、すぐ気分を変化させる」と定義していました。これは、彼女がファンを軽視していない証拠だと私は感じました。

そして、「彼を知り己を知り、天を知り地を知る」は、顧客と外部環境と解釈すればよいのではないでしょうか。

「戦わずして人の兵を屈するは善の善なる者なり」は、ニッチな戦略が最も安定した経営を導くと解釈します。

しかし、経営とは闘いではないと私は考えます。戦略とは、あくまでも顧客に喜ばれ、社員がその顧客に喜ばれる幸せを感じ、企業の成長と地域社会に貢献することだと考えます。そのためにも、マーケティングを多くの経営者に学んで実行してほしいのです。

- ●顧客を見る。顧客自身が感じていない顧客が求めるものを追求する。
  そこにアプローチをする。
- ●マーケティングは会社経営の重要な項目です。
- ●戦略とは、戦わないために考えるものです。
- ●ポジショニングマップをつくろう。

小さな会社のマーケティングとは？＊目次

Marketing 1 マーケティングという不明確な表現ですが

「お客さまのために」とは？

『小さな会社のマーケティング』というタイトルでは、「伝わりにくい」ことを私は理解しています。このマーケティングとは、いろいろな解釈や意味がありますが、私は「企業のすべてのチカラを使って、顧客から〝ありがとう〟を獲得すること」だという、できるだけ分かりやすい表現で定義しました。私がここで書いているマーケティングとは、販売の手法や市場調査・広告のことではありません。

企業というのは、どんな規模であっても、「企業と顧客」この2つの関係しかありません。経営、つまりマネージメントとは、人間という資産の質や量を成長させ、お金・設備・経験・ノウハウなどの資産をすべて、顧客に向けることです。

言い換えれば、会社のすべての能力は、顧客に向けられなければなりません。そして、その顧客や社会に役立つ喜びを全社員で感じられるようにすることです。

よく、社員教育の大切さを説くコンサルティング会社やコンサルタントがいます。納得のいく話です。しかし、その資産は、「顧客」に向けられていないようです。つまり、社員はマーケッター（マーケティングを行う人）にならなければなりません。そして、マーケティングとは、全社員が心得ていなければならないものです。サービス業であれ、製造業であれ、農業であれ、同じだと私は考えます。

当たり前のことですが、顧客がいるから企業は成立するのです。

こころからお客さまのために

「お客さまのために」と多くの経営者は語ります。しかし、「こころからお客さまのために」と思っているのでしょうか？　経営者・社員とも「こころからお客さまのために」とすべての人が思えるのでしょうか？

グーグル社やP&G社は、社員教育において、瞑想をして「出会った人をこころから幸せにする」マインドフルネスという教育をしています。IQよりEQ（心の知能指数）を高めるトレーニングが必要なのではないでしょうか。「こころからお客さまのために」と思えるように社員の意識を高める必要があります。また、そのような社員教育が必要です。マインドフルネスや朝礼時に、「こころからお客さまのために」と思える習慣づくりをする必要があります。良い習慣が優秀な社員を育成します。ですから、すべての行動・すべての企画を考える時に「お客さまのためになっているのか？」を自問自答する必要があります。社員の評価基準にも「お客さまのために行動しているのか？」という項目も必要でしょう。また、年度末にお客さまのためになって行動をした人を表彰するシステムも必要かもしれません。

ここで問題になるのが、営業系の職務に携わる人です。ノルマに達しないと、ついお客さまのためでないクロージングを行うことがあります。そこで、誠実で正直な対応を忘れないことです。自社の商品が本当にお客さまのためになっていると確信するのなら、正直にノルマを達成していないことを伝える必要があります。そのうえで、自分がお客さまのために何ができるのかを理解してもらえる作業が重要になります。

私は、「こころから、自分がお客さまのために」と思えているのかと考えると正直、疑問を感じる時があります。ですから、毎朝の瞑想時に「お客さまを幸せにする」「社員を幸せにする」と3回唱えます。

「あなたの顧客は誰です？」

P・F・ドラッカー著『経営者に贈る5つの質問』（ダイヤモンド社）でも、「あなたの仕事でいちばん大事な問いは何ですか？」と記されています。「あなたの顧客は誰です？」という項目があります。そしてドラッカーは、企業を構成しているのは、マーケティング

1　マーケティングという不明確な表現ですが

とイノベーションだと様々な書籍で説いています。

この顧客は、あなたの商品を購入してくる顧客と、その顧客の喜びや幸せを創造するために働く社員となります。

そもそも顧客には、企業が販売している商品・サービス・製品に価値を感じてもらわなければいけません。そして、その価値とは、常に変化しているということです。

ですからまず、顧客は「どんな価値で購買行動を起こすのか?」について、経営者は、B to B（企業と企業）、B to C（企業と消費者）のどちらでも、もしくは両方の事業形態であろうが、サービス業でも、製造業でも、農業・士業でも同様に考えなければなりません。

そして顧客は、購買行動を起こす前には、その購入後の自分の変化や期待を感じて購買行動を起こすのです。

例えば、蕎麦屋さんにその価値を尋ねると「お客さまは美味しい蕎麦を食べに来ている」と答えます。美味しいものを食べるのに、蕎麦でなくてもいいのです。そして、その美味しいとは、主観的なもので、個々に感じ方は異なります。

この場合、お客さまは、様々な理由でこの店に蕎麦を食べにくるのでしょう。この店の専門性・本格的イメージ・所在地（近くだから）・値段・メニュー・店内の雰囲気・味・

健康志向・心地良いサービス・メニュー構成などの様々な理由があります。

また、観光地の蕎麦屋なら旅行の思い出づくりのためにお店に訪れます。ですから、意外とお店の店主は、そのお客さまの目的を知らないことが多いのです。

自社の顧客分析として、それを知ることが大切です。「顧客を見続ける」ということは、顧客自身ですら説明できないような本当の理由を見つけ出すことから始まります。

そして、その中の顧客の目的で、一番自社が得意な顧客の目的を選択してください。そして、その目的を持った顧客に集中した商品開発・サービス開発をしてください。自社のコアとなる顧客層を設定してください。

そこから自社の独自性を見出すことができます。しかし、その顧客の目的も変化し続けることを理解してください。

顧客の求める変化や期待とは？

多くの小さな会社のホームページや広告では、顧客が「購入しなければ分からないこと」についてアピールしています。工務店なら建て方や構造にコミットします。サービス業は、扱う商品のスペックをアピールしています。ですが、顧客が購入後の自分の変化や期待のために購買行動を行うまでにはプロセスが多数あり、そうした内容だけでは、顧客には十分伝わりません。

例えば、ベンツを販売する会社では、顧客は「ベンツ」という高級車を購入して得られるもののために高額な金額を支払います。裏を返して言えば、ＢＭＷでも、レクサスでも、その購入者の変化や期待を実現できると思えば、ベンツでなくてもよいのです。ベンツは、単に顧客の変化や期待が実現できるように感じさせることが必要になります。

このベンツの購入者の例で言えば、「事業で成功した自分を表現したい」、もしくは「他人に認めてほしい」という思いなのです。もしくは「見栄」かもしれません。自分が成功者だと、ベンツを運転する自分を見てくれた人に感じてほしいのです。ですからその人にとっては、成功した自分をそのような眼鏡で周囲の人に見てもらえれば良いのですから、ヘリコプターでも豪華ヨットでも良いのです。顧客は、自分の自己実現を叶える道具や手段（＝ベンツ）を購入しようとしているのです。

ベンツを売る会社は、この顧客の思いを知らなければなりません。性能より、この購入者のベンツ購入後に得られる価値に対して、アプローチしなければなりません。そして、この変化の時代、この顧客が求める変化や期待は常に「よりもっと」と変化するのです。

ですから、常に顧客の求める変化を見ていなければなりません。

よくあるのが、ベンツの性能ばかり伝える営業マンです。これは、工務店の営業と同じです。大きく間違っています。大切なのは、ＢＭＷやレクサスでは得られない、ベンツでなければ達成できない顧客の期待に応えるセールストークや広告を行うことです。

他のツールや手段では、ベンツで得られる目的達成ができない。もしくは、顧客の最も目標達成に効果的なツールがベンツであることを証明する必要があります。

顧客の求める変化にコミットするには？

もし、この顧客が自己実現した成功者で、求める価値が、それを確信することにあってベンツを検討しているなら、顧客に顧客が求める変化に対応した選択案を提示します。そして、顧客の求めている点にコミットしてください。ベンツの商品紹介は不要です。

- ・ヘリコプターや豪華ヨットでは、不特定多数の目線しか得られません。
- ・今のＢＭＷは、優れた車ですが高価な大衆的な車です。
- ・レクサスでは、更に特別な人だという感じがしませんね。
- ・ロールスロイスでは、行動的に見えません。

上記をビジュアルを活用してアピールする必要があります。そこで、顧客は、「やっぱ

1　マーケティングという不明確な表現ですが

りベンツかな?」と感じることでしょう。それには比較対象も必要です。このように自社の製品性能等の説明は不要です。

簡単に言えば、「あなたの夢を叶えられるのは、ベンツしかない」と顧客に感じてもらえばよいのです。そのためには、顧客の夢(変わりたい自分への期待)を知る必要があるのです。

そして次には、装備において、顧客の目的が達成できることを証明します。そこで、「欲しい!」と感じた顧客には、購入をスムーズにできる方法を提供する必要があります。つまり、セール(モノ・コトを売る)には、段階があります。

顧客の問題点を探る

顧客の問題点を探り、その解決策が顧客の持つ変化や期待です。

例えば、ライザップは、ダイエットをしたい人の問題にコミット(明言する)しました。ターゲットは肥満を問題としているのではないのです。ダイエット自体は無料で行えます。ここで、顧客が問題に感じているのは、「継続」です。これらのダイエットを願う顧客は、数々のダイエットに失敗をしていて、ダイエットには継続が必要なことを問題として抱えているのです。

英会話も同様です。どんな優れたシステムでも、継続しないことには英会話をマスターするという目的は達成されず、自分の変化、つまりダイエットならスマートになる、英会話なら流暢な英会話ができるようになることを、実感できません。それらの目的で得られる自己実現を達成できないのです。

ライザップは高額なサービスですが、継続できるのでダイエットは成功して、人生をリスタートできることをアピールします。そのようなシステムと売り方（広告）を行っています。

その他には、バルミューダ（株）という小さな家電メーカーがあります。この企業は、モノではなく、コトにフォーカスした製品づくりを行っています。3万円の扇風機はこの商品群ではダントツの高額です。しかし、この会社のアプローチは、「涼しい夏を3万円で買いませんか?」とアピールします。

便利な電化製品ではなく、電化製品を使うコトにフォーカスします。ですから、価格は高額になります。しかし、顧客は自己実現の道具として購入するのです。ただの家電を購入しているのではなく、コトを購入しているのです。

このような商品づくりができるのは、顧客をよく観察しているからです。どんな価値をお客さまが自社の商品に感じているのかを掘り下げることで見えてきます。

どうしたらもっと、お客さまに喜んでもらえるのか?

2018年の今更ですが、FAXを大量に販売している会社があります。それは、ご存じのジャパネットたかたです。「孫の成長写真を見るためにFAX」なのです。アピールするのは、FAXの性能ではなく、FAXを利用したおじいちゃん・おばあちゃんと孫のストーリーです。

ジャパネットたかたの経営からは、優れたマーケティングを学ぶところがたくさんあります。

何度もお伝えしますが、モノを売るのではなく、コトを売るのです。それは、サービス業でなくても、製造業・建築業・農業などすべて同様です。

この項目が、本書の主題とも言えるでしょう。顧客が問題としている変化のため、期待のための解決策が顧客の求める価格なのです。そして、売り方にもその期待感を増幅させるアプローチが必要です。

この例では、孫の元気な顔を見られる嬉しさをアプローチします。これは、タブレットでも同じことです。タブレットならビデオチャットができます。ただ、多くの高年齢者には、タブレットについての情報があまり届いていいません。ＦＡＸのほうが手軽なのです。

また、高級飲食店なら、いきなりお店に入れるような設計ではなく、プロローグが必要です。もしくは、大きな重厚なドアなどが効果的です。自動ドアは、問題外です。自動ドアでは、顧客の期待感を増幅させることができません。

工務店なら家づくりの体験で期待感の段階を上げることにアプローチする必要があります。製造業でも農業でも同様なアプローチは可能です。これらのことを広告やホームページなどで表現します。

人が何かを購入する時には、必ずプロセスがあります。ですから購入後の自分の変化や期待によって人は購買行動します。そして、その顧客には、その商品（製品）の関心度による段階があります。「今すぐ」なのか「いずれか」とでは、段階により期待

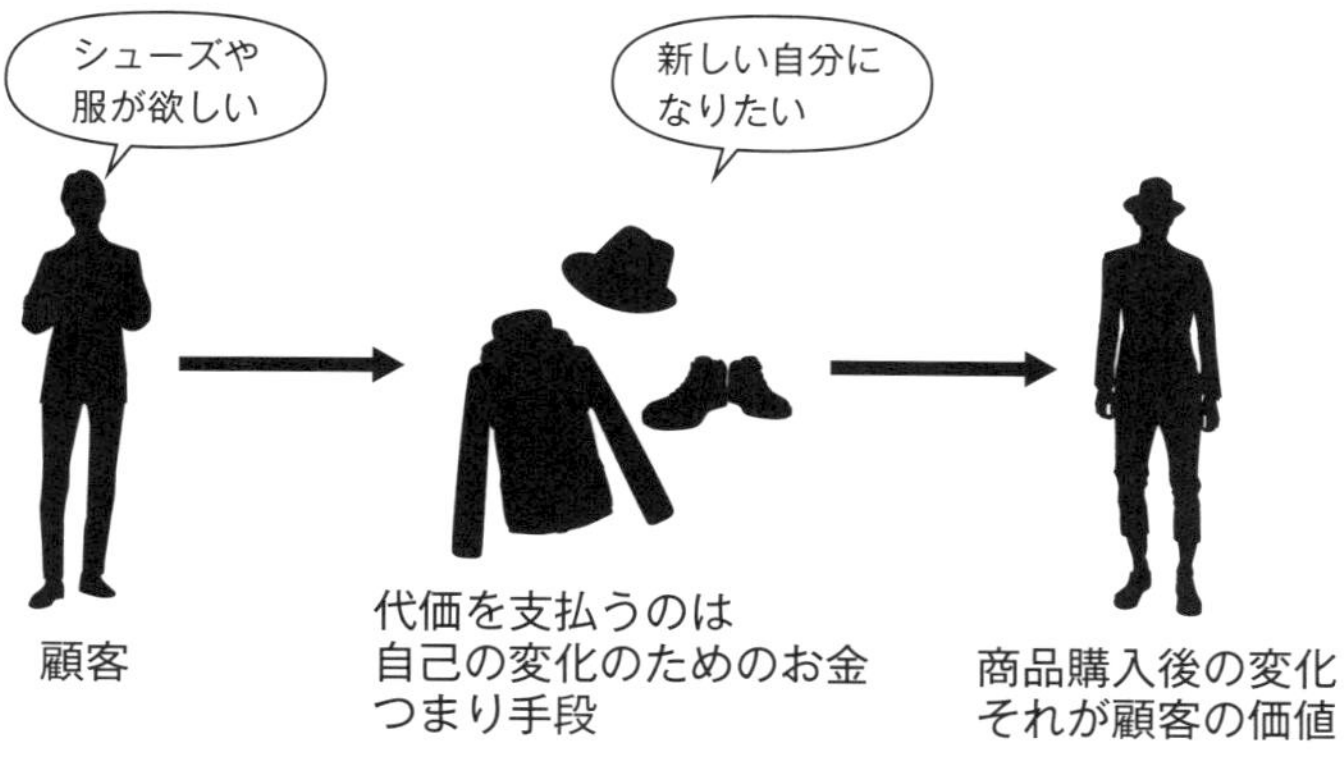
シューズや
服が欲しい
新しい自分に
なりたい
顧客
代価を支払うのは
自己の変化のためのお金
つまり手段
商品購入後の変化
それが顧客の価値

感も変わります。特に高額な商品については、この段階と決定する時間が必要になります。

しかし、人は「必要」と感じるより「欲しい」と感じなければ、購買行動を起こしません。つまり、商品購入後、自分の変化の可能性が高く感じなければ、「欲しい」と感じないのです。

人は、その商品を購入した時のコトをイメージするのです。すべてが、顧客のイメージするプロセスに沿った行動になります。

「どうしたら売上をアップできるのか?」ではなく…

企業は、顧客、すなわちお客さまのためにあるのです。ですから、「どうしたら売上をアップできるのか?」ではなく、「どうしたらもっと、お客さまに喜んでもらえるのか?」を考えなければなりません。そして、そこにアプローチしなければなりません。

〈あなたへの質問〉

1　あなたの顧客は、誰ですか?

2　あなたの顧客は、どんな人ですか?

3　あなたの顧客は、どんな価値を感じてあなたの商品を購入しているのですか?

4　あなたの潜在顧客は、なぜ、あなたの商品を購入しないのですか？

これらの質問に答えてください。答えは1つではないかも？しれません。複数あるのが現実かもしれません。

例えば、売上が下がっている状況では、3の質問に対して

「価値が低下しているのか？」

「他社が販売を強化しているのか？」

「自社の売り方に問題があるのか？」

この4つの自問自答を行うと必ず多くの経営者は「他社が販売を強化している」と答えます。

ですが、自社の商品が顧客の「よりもっと」に応えられていないのです。ここでは、商品・サービス・売り方などのイノベーションを行う必要があります。

売上が下がり続けている時

よくマーケティングでは、「商品のライフライン」という言葉で表現します。つまり、商品にも寿命があるということです。これは企業自体にも同じことが言えます。

1　マーケティングという不明確な表現ですが

それは、顧客が持っている価値観が変化したということです。言い換えれば、この状況は、顧客の「よりもっと」と高まった欲求や変化に対応していないと言えるのではないでしょうか。または、他社が同様の商品もしくは自社より優れた商品を発表した時にも発生します。であれば、ここに広告費などの経費をかけるより、異なる価値を探し、そこにアプローチするべきです。ジャパネットたかたのＦＡＸの例を参考にする必要があります。

Marketing 1

●企業の資産のすべてが顧客に向けられなければならない。
●顧客が自社商品を購入する真の理由を探ること。
●そして、顧客を深く掘り下げてみること。
●そこに自社が求める自社の価値があります。
●自社の商品は、顧客が求める期待や変化のためのツール（道具）・手段にすぎないことを理解する。そして、そこにアプローチしてください。
●顧客は常に変化することを理解してください。
●売り上げる方法を考えるより、顧客が喜んでくれる方法を考えてください。
●売り方を変えるだけで、新しい市場を得ることができます。

業績向上のためのマーケティング Marketing 2

マーケティングの基本

基本は、「だれに」「なにを」「どのように」となります。マーケティングの神様といわれるフィリップ・コトラーは「マーケティングは単なる事業活動の一つにとどまらない。企業全体を導く理念でもある」とも言っています。経営の神様・ドラッカーとマーケティングの神様・コトラーが同様の内容のメッセージを出しています。

しかし私は、この基本を踏まえたうえで、小さな会社の経営者に最も必要で、大切なスキルは「顧客を見る力」「伝える力」「決断力・行動力」だと考えています。

そして、再度お伝えしますが、マーケティングは最終的には、顧客を幸せにするためにあるということです。この概念がないと、たとえ一時的に成果を得ても、ブランディングも構築されません。そして、やがて顧客はその会社から逃げていきます。更に逃げた恋人のように、追えば追うほど、逃げていきます。

「伝える力」は、ただ思いを伝えるのではないのです。

例えば、気になる異性がいたとしましょう。

「デートしてくれませんか?」といきなり言っても、望む成果は得られません。その代わりに「近くに話題のイタリアンレストランができたので、僕がおごるから行ってみない?」と、さり気なく伝えたらどうでしょう。

そして、お互いを多少分かり合ってから、「デート」という目標を達成できるのではないでしょうか。

または、お互いの共通の話題や共通点を探す必要もあるでしょう。これらは、営業的会話のテクニックと同様ではないでしょうか?

しかし、そのすべてにスピード感のある「これをやるという決断力」と「それに立ち向かう行動力」が必要になります。

マーケティングを学ぶと、「伝える力」が強化され、顧客が行動を起こしやすい方法を考えることができます。どんなに顧客に「優れている」と思われても顧客が行動をしてくれなくては意味がないのです。そんな点からもブランディングは、後から付いてくると考えたほうがいいのです。

それよりもレバレッジを効かせることが大切です。「レバレッジ」とは経済用語ですが、

「他の資本で成果を得る」という意味です。

私が使うレバレッジの意味を例を挙げて解説してみます。まず、セールスマンのスーツなどのグレードを、経営者と同様なものにする。そうすることで、経営者との共通点を見出してもらいます。技術力・商品力・営業力以外の直接販売に関係ない売り手の姿勢により「この人に仕事を依頼したい」と感じてもらって顧客を引き寄せる、これがレバレッジです。

つまり、多くの顧客は、販売側の商品の評価は正しくできません。要するにその商品の専門的な知識を持っているわけではないのです。また、それらにさほど興味はありません。あるのは、その商品を購入して、どのような期待のできる変化が可能かということです。

ですから、自社の事業に対する営業を行う人間そのものの考え方や姿勢・行動、もしくは企業の実績や規模にこだわるのです。

言い換えれば、顧客が見て分かる部分でしか購入者は判断しないのです。

自社のトイレをきれいにすることも同様です。外見以外にも売り手の日々の隠されている行動からこうした効果は導かれます。経済を学ぶ・経営を学ぶ・地域に貢献するなど様々な「レバレッジ」を効かせる方法はたくさんあります。経営コンサルタントなどは、あまり伝えないことかもしれませんが、「人」が「人」のこころを動かす重要なマーケティングであると私は考えています。

まとめると、「お客さまに幸せになってもらおう！」という基本的な概念で、顧客の行動心理を学んで、それにチャレンジするのが、マーケティングです。

どんなマーケティング戦略も手法も、成功をギャランティ（約束）されたものは一つもありません。大切なのは、リスクを背負って挑戦することです。マーケティングとは、未来に向けて行うものです。

優しすぎる時代のマーケティング

昭和34年生まれの私には、今はかなり優しすぎる時代に感じます。親が子供を叱ると問題が発生したり、教師も生徒を叱らない。

デートに誘うために女性をまちぶせしたら、ストーカーにされてしまいます。確かに暴力的な傾向がなくなる社会はいい社会です。

しかし、アンジェラ・リー・ダックワース著『やり抜く力　GRIT』（ダイヤモンド社）を読んで、このような「やり抜く力」を今の子供たちや大人に簡単に持たせることができるのでしょうか？

ですが、世の中に文句を言っても何も解決しません。この時代に対応する必要があるのです。ネットを使わず、スマートフォンを持たない経営者では、この優しすぎる時代に対応できないことを理解してください。

要するに変化に対応するのがマーケティングなのです。いや、変化に対応するのが経営なのです。

最も強い者が生き残るのではなく、
最も賢い者が生き延びるのでもない。
唯一生き残るのは、変化できる者である。

ダーウィンの進化論です。ＩＢＭの経営戦略部門は毎年、年初に「グローバル・マーケット・トレンズ」と呼ぶ市場動向を詳細に予測した社内文書を作成します。この文書の１９９９年版は、ダーウィンの『種の起源』から始まりました。

ネット時代の到来を予期して、情報システムの構築・運営会社へと業態転換し、ＩＢＭはパーソナル・コンピュータ製造から手を引きました。

そうです。ドラッカーが、企業を構成するのはマーケティングとイノベーションと説いています。ＩＢＭのイノベーションを学ぶ必要があります。たとえ創業１００年の企業でも同様だと私は考えます。守るべき部分・変化しなければいけない部分が必ずあります。

マーケティングはテストです

マーケティングとは、未来に向けて行うものです。ですから、マーケティングの実施は、一つの仮説を立証するということです。ですから、新しいことをするにもテストと考えてください。最初から成功するものではなく、必ず失敗すると考えてください。その失敗こそがチャンスだと考えられるとマーケティングの効果は、あなたの会社を「雲の上を飛べる」ようにします。

「目的を必ず達成する」。だが、それまでに多くの失敗や立ちはだかる壁を迎える。その障害を乗り越えた先では、必ず目的達成のご褒美がもらえるのです。

考えてみれば、成果を約束されたものや成功を約束されたビジネス手法など、この世にはありません。また、完璧なこともありません。完璧を求めるとチャンスを捉えるためのスピードが失われます。ですから、「まずやってみる」という行動力や決断力が必要です。

やってみて、ＰＤＣＡサイクルを高速で回転させる必要があります。それはあくまで目標達成のために行うことを忘れてはいけません。

マーケティングとエジソン

トーマス・アルバ・エジソンのことを日本の教育では「１０００回実験を続けた努力の発明家」として、教育機関や書物などで紹介されます。そのすべてが彼の「努力」にフォーカスしています。もちろん、人間や企業には「努力」はとても重要なファクターです。しかし、アメリカでは、「１０００回毎回少しずつ違った実験」を行ったことにフォーカスをします。

日本のように、努力と根性で発明をしたのではなく、エジソンは発明が好きで、異なるアプローチで１０００回実験をして大発明をしたのです。

つまり、エジソンは努力家ではなく、発明が好きで、実験して発明することが自分の天職だと感じていたのではないでしょうか？

また、「努力をすれば必ず成功する」などの言葉を私は信じません。成功には運も必要です。オリンピックの選手はみんな努力していますが、金メダルを取れるのは一人だけです。

言い換えれば、成功者は、みんな努力しているのでしょう。しかし、成功の条件はそれだけではないと私は考えます。しかし、努力を続ければ必ず成長します。成長こそが失敗や逆境から生まれる産物です。ですから、それらを経験しなければ成長はしません。マーケティングを学んで小さなチャレンジをたくさんしてください。そして、多くの失敗をしてください。その多くの経験の先に成功策が見つかるのではないでしょうか？　問題は、何も行動しないということではないでしょうか？

基本的には自分の好きなことをやり続けるということです。そのためには、それに関わる自分が苦手とすることもやる必要があります。

自分の仕事が天職だと思えるとミッション（使命）が湧き出てくるはずです。人間、誰かのために生まれてきて、それを楽しむ必要があります。経営者が楽しく仕事をしていると周りの人間も楽しくなってきます。

自分の仕事が天職だと思えたら、苦手と感じてもマーケティングを学んでください。

イノベーションもマーケティングも同様です。一つの企画が失敗したとしても、その企画が本質的には間違ったものではないケースがあります。プロセスに欠陥があったり、ちょっとしたことが足りないケースもあります。

また同じように、アメリカの教育が日本と違っていることを示すものに、小さな時に失敗を体験させるために街で寄付をさせます。何度断られても挫折しない人間形成を、幼い時期に行うのです。

まず、「失敗は成功のもと」という言葉は誰でも知っている言葉です。マーケティングで失敗した時には、エジソンのことを思い出してください。そうこころから思えれば、必ず会社は成長するのではないでしょうか。

失敗を成功に変えるマーケティング

私がマーケティングを指導する際に、「必ず失敗するものだと考えてください」と言うのは、失敗することによって修正点・改善点を見つけるためのマーケティングが実行されるからです。常に答えは、会議室のテーブルや経営者の机の上で導かれるのではなく、現場で顧客が答えを出すのです。

ですから、実行しなければ分からないことは、小さく行って、成果を確信できたら大々的に行うということも必要です。

次にPDCAサイクルで以下の内容について検討して、小さなテストを繰り返してください。このテストは、新商品・広告・ビジネスモデルの変更など、すべて同じ考え方でテストを行ってください。

失敗した時に検討すること

- ターゲットが認知していたのか？（アピールの量と質）
- ターゲットが価値を感じたのか？（反応を測定）
- プロセスに問題はなかったのか？（細部まで確認）
- 市場はあるのか？（新商品の場合）
- 類似商品はないのか？（新商品の場合）
- ターゲットは自社の新商品ではなく、どんな商品を購入しているのか？
- そもそも目標や目的は適切だったのか？

これらを検討して、ＰＤＣＡサイクルをできるだけ高速で行ってください。マーケティングでは、スピードが命になります。

ランチェスター経営を学ぶ

ライバル企業や地域の大手であるリーダー企業がやらないことをやる必要があります。

そのためには、ランチェスター経営を学ぶ必要もあります。弱者の法則であるランチェスターの法則を自社のマーケティングに当てはめてみる必要があります。

そして、自社にランチェスターの法則から学んだ、大手企業にはできない戦略を立ててください。そして、自分を信じて決断するのです。「あのとき、あれをやっていれば良かった」と後悔がないようにしてください。

経営者は、学生ではありません。経営者の学びは、自己の判断を信じるためにあります。学んだ知識を知恵に変え実行してください。経営者は実践者なのです。

また、学びの中から「気づき」を得ることができます。人からただ教わったことでは、行動力や判断力のもととなるモチベーションを高めることはできません。

この本を読んでいる読者のあなたは、この本からマーケティングを学んで、自分の考えを行動に移してください。そのためにこの本を読んでから、更にマーケティング関連の本を読んでみる必要もあるかもしれません。そして、自信を深め決断力を養い実行してください。

Marketing 2

- マーケティングには、「顧客を見る力」「伝える力」「決断力・行動力」が最も大切です。
- そして、必ず失敗・壁が生じ、その先に成功があります。
- マーケティングはテストです。エジソンのように異なったチャレンジをたくさんすることによって、大きな成果が得られます。
- そして、ランチェスターの法則やその他のマーケティングの本をたくさん読んでください。
- 学びを知識に変え、実践者になってください。

Marketing 3 小さな会社のイノベーションとは？

変化の時を捉える

イノベーションとは、豆腐屋さんが豆腐を作っていたら、油揚げを開発したようなものです。しかし、製造業だけに当てはまる話ではなく、営業面においても、売り方の変更でイノベーションを実行することができます。

私は、ドラッカーの定説を超えて、イノベーションすらマーケティングと考えます。どんな業態でも、世の中は変化しています。自社の都合で変化しないのでは、顧客に喜んでもらうことはできません。

イノベーションを促進させる企業を増やすことは、経済産業省認定の経営革新等支援機関である私の会社の国へのご奉仕ともなります。つまり、弊社のミッションの一つだと私は考えています。

このイノベーションには、製品そのものをイノベートさせるという方法と、売り方をイノベートさせるという2つの方法があります。本書では、後者の売り方のイノベートについて解説します。

例えば、飲食業や美容院などは、そのオーナーの年齢に比例して顧客が変化します。つまり、店に出ているオーナーの年齢が高まることによって、顧客も年齢が高まり衰退していきます。キッチンやバーカウンターの内にいるオーナーやハサミを捨てられない美容院のオーナーがいるお店は衰退します。

それは顧客の変化に対応できないからですが、それだけではなく、お店のライフラインは、それほど長くないのです。「顧客の〝よりもっと〟」に設備やサービスが対応できないのです。

弊社のクライアントになりますが、美容師を60名程度集めて、歌舞伎町で24時間営業している美容院があります。美容師3~4名程度の店なら、1名辞めただけで大変なことになります。そこで、60名の美容師のお店を開業したそうです。そこには、今までのルールや常識を無視したことにより成功した美容院のイノベーション実例があります。

また、美容院の女性客は、自分の生活の変化を求めお店を渡り歩くという傾向があります。ですから、「接客技術業」では、顧客に接しているので、その変化の兆しにフォーカスする必要があります。

言い換えれば、サービス業や販売業では、常に、永遠に、イノベーションを行う必要があるということです。

イノベーションを行うチャンスはこの時です

サービス業のイノベーションとは、「顧客が変化した時に起こる」とドラッカーは説いています。つまり顧客が、

「今の商品に飽きたのか？」

「よりもっといい商品を求め始めたのか？」

または、「他社が同様の商品を発売した」というタイミングです。

その変化を経営者は、なかなか認めたくないものです。そして、これらの対策は、一番商品が売れている時に対応するのがベストですが、なかなかできないことです。

そして、「変わった問合せ」「変わった注文」があったら、それを分析するべきだとドラッカーは説いています。その時に、末端の社員から情報が上がってくるシステムの構築を行ってください。

「すべては現場で起きていることです」

製造業のイノベーションは、自社の製品の川下・川上などを見た時に発見できることや、パート社員が発見することもあります。つまり、どっぷりその製品に漬かっている人には、イノベーション策は見えにくいのです。

製造業もサービス業も変化の兆しを感じたり、常識はずれの発案を現場のパート社員な

どから吸い上げるシステムが必要です。情報の共有とは、直接顧客と触れる末端社員からするものです。

また、ドラッカーは、棄てることの必要性を説いています。

- 業界の常識
- 商品の常識
- 売り方の常識
- ライフラインを超えた商品

異業種から〝パクる〟イノベーション

更に、イノベーションが必要と感じたけれど、方法が分からない経営者は「異業種の成功例を自社の業態に取り入れることができるのか?」を探す必要があります。

富山の薬売り手法をグリコがオフィスグリコとして導入しました。オフィスにグリコ製品を置いてもらって、食べてもらった分を請求するという方法を実行したのです。このように異業種の販売方法を真似るためには、異業種交流会に出席して学ぶことが効果的です。

あなたのお住まいの近くには、日本創造研究所の経営研究会や中小企業家同友会などがあるでしょう。それらに入会することをおすすめします。どこの会にも優れた経営者に出会う機会があり、イノベーションのヒントがたくさんあるでしょう。

ベンチマークした企業を真似ることは大切です。KFS（Key Factor of Success）＝（鍵となる成功要因）を引き出す必要があります。企業は経営資源（ヒト・モノ・カネ）に限りがある以上、事業が成功するためには、実行するべきポイント、目的、タスクを定めなくてはなりません。独自の販売方法・独自技術・商品開発力・流通経路・人材育成（リーダーシップ教育が最も大切）などが主たる対象です。

更にこれからの時代、これらをベースに自社の独自性を見出す必要があります。この変化の激しい時代に真似から独自性を見出す作業が必要です。

そこには、想像力であるクリエートする力やデザイン力などが決め手になります。時代遅れの経営者には、過去の成功概念から脱皮する覚悟か、新しい時代の経営陣を育成する必要があります。

過去に成功した売り方も常に変化する時代です。ですから、小手先のマーケティングに目を向けず、10年先のビジョンに向かって、変化に対応できる企業を一日も早く構築する必要があります。その時のキーワードは、「他社よりいち早く」です。更に経営もマーケティングもスピード感が必要な時代になります。

そして、自社の可能性に経営者が自分で制限をかけないでください。「どうせ、地方の小さな会社だから……」などと制限をかけることにより、企業の成長も社員の成長にも阻害要因が生まれます。

マーケティングも同様です。

スパイラルの考え方でイノベーション

市場は螺旋階段のように、ある周期をもって、もとの位置に向上して戻ります。これは、私の尊敬する社会起業家論の多摩大学大学院・田坂広志教授の螺旋階段の法則のような考え方です。つまり、ある時間を有して、もとの市場に戻るのです。そこにイノベーションが行われるのです。ぐるっと回ってワンランク上のサービスや質の高い商品が生まれます。

今でも利用されていますが、ビジネスの情報のやり取りにＦＡＸが使われた時代がありました。それが、Ｅメールになって、今やチャットやクラウドのファイル共有になっています。

コーヒーを外で飲むという市場は、昔の喫茶店ブームから今の名古屋の喫茶店、スターバックスといった新しいスタイルで繁栄しています。

新規事業で、「新しい市場をつくる」なんてことは、小さな会社にはなかなかできないことです。しかし、他の市場を奪うということに目を向けてください。

アップル社のアイポッドは、音楽産業にあった市場を奪いました。もともとある市場を技術的イノベーションで取り込んだのです。

これらの考え方もスパイラル（螺旋状）になっているのではないでしょうか？　スパイラルというのは、俯瞰視すれば円です。回転しています。そして、側面から見ると上昇しています。つまり、もとに戻って、質が高まるという意味です。

イノベーションは、社長直属部署で

小さな会社でも、イノベーションの可能性を探る予算設定や部署が必要です。もしくは、経営者は、このイノベーションを常に促す必要があります。それは、前項までで解説したように、顧客の特性として、「よりもっと」という欲求があるからです。

人間は、毎日、大好きな食べ物を食べても3日も続きません。人間はすぐに飽きる動物なのです。私も若い頃、カツ丼が大好物でした。でも、4日続けて食べたら、カツ丼がそれほど好きではなくなりました。

その昔、携帯電話は、大きな装置を車のトランクルームに設置して、高額な通話料を支払って利用していました。ガラ携の出現でガラ携がとても便利だと感じたのに、今や携帯電話に高品質なカメラ・ビデオ・コンピュータ・ゲームなど様々な便利な機能があるスマートフォンが人気です。人間は、常に「よりもっと」を求める動物なのです。

このように顧客の変化を発見するためには、部門の垣根を超える必要があります。そして、それらの権限を与えられたメンバーがその変化を見出す作業にあたり、経営者は率先してこれに携わる必要があります。

データを活用する

自社の顧客の変化を捉えるには、自社の顧客の購入データなどを蓄積しておく必要があります。ＡＩの導入時には、これらのデータも役立つかもしれません。また、後ほど解説しますが、デジタルマーケティングでは、データ・ドリブンというマーケティング手法があります。ウェブからのアクセスで顧客の動向を図る方法もあります。

デジタルマーケティングでは、アメリカのスーパーでオムツとビールを同時に購入する顧客が多いことが分かったようです。

つまり、人間の勘だけに頼ることなく、データにより顧客の変化を発見して、新しいルールのもとイノベートする必要があります。

その理由として多様化という言葉があります。

古いルールや価値観に囚われず、部門間の垣根をシームレスにして、イノベーションを行わなければなりません。

顧客が自社に期待するのは、何ですか？

このような時代に、より顧客の価値観が変化するという点に加えて、先天的に顧客は、同じ商品に飽きるという傾向があります。価値観の多様化する現在では、顧客の価値観について、更なる細分化が必要になるでしょう。

ですから、社員のある程度いる会社なら、社長直属のチームで常にイノベーションを検討するチームづくりが必要です。そこに現場で働くパート社員なども入れる必要があります。社員に余裕のない会社は、社長が末端の社員のところや現場に行き、お客さまとコミュニケーションをする必要があります。特にお客さまに「自社に期待するものは何ですか？」と訊いてみてください。その答えにイノベーション策があるかもしれません。

日本マクドナルドホールディングス（株）の代表取締役社長兼CEOであるサラ・カサノバは、現場で顧客やスタッフに常に触れています。彼女は現場に出ることがとても好きだと語っていました。そうです、すべては現場で起こっているのです。変化の兆しを現場で見つけてください。

Marketing 3

- ●自社の都合で変化をしなくても、周囲や顧客は変化を続けています。
- ●現場で、顧客に尋ねてみることが大切です。
- ●そして、異業種の優れた点を真似ることもできます。
- ●変化をしないということは、衰退するということです。
- ●「自社に期待するものは何ですか?」と顧客に尋ねてみましょう。

Marketing 4 差別化とは？

他社との差別化を図る

本来、差別化より、独占化を目指すべきです。すなわちニッチな商品を扱う企業が一番いいのです。

（株）ビジネスバンクグループの集客セミナーで、代表取締役・浜口隆則さんは、「雲の上を飛ぶ会社をつくりましょう」と言っていました。雲の下を飛ぶ会社は、台風の影響などでうまく飛ぶことができません。そして、雲の上を飛ぶには、雲のなかで厳しいフライトを長い間続けなければなりません。その結果、「雲の上を飛ぶ会社」は、顧客が寄ってきて、経営も常に成長を遂げていきます。

この会社は「日本の開業率を10％に引き上げます！」がメッセージです。とても素晴らしい考え方です。また、田舞代表率いる日本創造教育研究所でも、小さな会社の経営について、とても素晴らしい経営者教育を行っています。

このようなサービスで学ぶことは、経営者にはとても重要なことです。学ぶことだけでも他社との差別化はできます。ですが、いくら学んでも実行しなければ意味がありません。学んでも自社に落とし込めなければ意味がないのです。方程式の解の公式は知っていても応用問題が解けない、数学が苦手な学生のようなものです。実は、そうした学生は数学を解く力にではなく、国語力に問題があるのです。いい商品を作っても、売り方が問題なら商品は売れません。問題は、意外と本質以外の部分にあることもあります。

差別化策を実行できない経営者がほとんどということは、コンサルティング会社が教えるべきは、学んだことを自社に落とし込む応用的な実行力・行動力ということになります。つまり目標設定・ビジョン・ミッションの力を伝え、常に先を目指す思考力を高める必要があります。しっかりしたビジョンで社員が一生懸命オールを漕ぐため——顧客目線で社員が幸せになれるため——のビジョンとミッションなどの必要な設定をしていない会社が多いのです。企業の実行力・行動力を育てるには必要なことなのです。「選択と集中」を行い、実行する必要があります。ですから、経営計画や理念よりも、ミッションが大切だと私は考えます。

なぜならば、ビジョンやミッションがなければ、経営計画も理念も作れないからです。

強みを活かすコアコンピタンス経営とは?

差別化とは、「強みを活かす」ということです。コアコンピタンスづくりです。強みを活かすのです。

コアコンピタンスとは、全社員でマーケティングを常に学び、マーケティングを実行している企業だということです。

強みとは、「製品・商品・サービス」かもしれません。しかし、モノでは、いつか他社が真似したり、もっと優れた商品が市場に現れたりします。商品には、ライフラインがあり、どんなに人気の商品でも、顧客から見れば、「よりもっと」という思いから、いずれ飽きられてしまいます。

ですから、常にイノベーションを行う必要があります。顧客の変化や顧客(潜在的顧客)を常に見ていなければなりません。それらのことができる企業は、その人的資産こそコアコンピタンスなのです。コアコンピタンスとは、商品・サービス・製品のことではなく、それを作り出せる企業の質の高い人的資産のことです。

小規模事業者のコアコンピタンス

ここまで、読んでいただくと、「自分の小規模事業には関係ない」と思われるかもしれません。しかし、それは大きな間違いです。

それは、地域をリードする企業やシェアを独占している企業にもできないことは、たくさんあります。小規模事業者でなければできないコアコンピタンスや差別化策はあります。地域をリードする企業やシェアを独占している企業でも、すべての顧客を満足させているわけではありません。それらの企業ではできない顧客が喜ぶ何かを探しましょう。

しっかりマーケティングを学べば、あなたの会社は地域のリーダー企業に大きな打撃を与え、チャレンジャー企業としてのブランディングを勝ち取ることができるでしょう。もしくは、あなたの会社自体が地域のリーダー企業や日本一の企業に成長できます。

人間力だけでは、差別化不足

もし、あなたの売っている商品やサービス、あるいは製品を、顧客がどこのサービスとも似たようなものとみなすなら、顧客はどんな人が、そのサービスを提供しているかということを重視するようになります。そこに人間力やデザイン力などの力が必要になります。

価格競争から抜け出すには、サービス内容とサービスの提供方法を開発し、そしてイメージを差別化することが必要となります。これもイノベーションと言えるでしょう。

しかし、差別化などは商品面や価格面などで簡単にはできません。顧客の「感動」「夢」などを売ることにより、他社と同じ商品を売っていても差別化はできます。

差別化に対して、似てはいても大きく異なる言葉に「独自化」というのがあります。独自性とは、〝他社と比べるものがない〟、差別化とは、〝競合他社と差をつける〟ということです。独自性とは、ブルーオーシャンで、競合他社がいない事業のことです。すなわち「雲の上を飛ぶ会社」となります。他と戦うのではなく、常に顧客と社員の幸せを考える企業になります。

しかし実際には、多くの企業は、競合他社との差別化が必要になります。そして、差別化は、どこにでも販売している商品を扱っている企業ではなかなか難しいのが現実です。保険商品販売などのような差別化が難しいビジネスモデルはたくさんあります。保険業に携わる人は、商品が同じようなものだから「人間力で差別化する」と語られる方が多くいます。しかし、それもまた、難しい話です。

一番を宣言する

「地域一」「日本一」を宣言することはとても大切です。目指せば、あなたの会社も「地域一」「日本一」になれます。2位では駄目です。1位と2位は、天国と地獄ぐらい違います。

弊社の例でいうと、マーケティングコンサルティング会社では、長野県一です。その証明として、長野県内にマーケティングコンサルティング会社はありません。ですから、次は、「日本一」を目指します。

しかし、マーケティング会社で「日本一」は、ハードルが高いのが事実です。しかし、弊社の事業にウェブ制作事業があります。この事業でもやはり「日本一」もかなりハードルは高いのです。ですが、地方の会社で、この2つの事業を同時にやっている企業なら、少しハードルは低くなります。

要するに、一つの専門性では、「日本一」「地域一」になれなくても、2つ合わせてどうなのか？　いや3つ合わせたらどうなんだ？　ナンバーワンになるためのオンリーワン戦略です。

欧州に行くサッカー選手は、言葉も学びます。それは世界の頂点でサッカーをするには、サッカーだけの技術を高めるだけでは、欧州でサッカーはできないからです。

世界に出てゆくスポーツ選手と同様、もし、自分が今やっている仕事が「天職」だと感じるなら、それに関わる別の専門性を高めてください。そうでないと1位にはなれないのです。

差別化や独占化している企業に学ぶ

人間力にデザイン力を加えることで差別化が図れます。それは、「売り方の変化」により差別化するということです。このデザイン力についても別の章で解説します。

ここで考えてみましょう。ジャパネットたかたは、如何でしょう? ヤマダ電機でもエディオンでもアマゾンでも売っている商品を販売しています。ですが、他の通販ショップとの差別化がしっかりとできているのではないでしょうか。

通販業界は9兆円市場と言われています。しかし、利益を計上しているのは1割、しかも九州にある会社が、その多くを占めています。

それでは、ジャパネットたかたと他社とでは、いったいどこが異なるのでしょうか? ジャパネットたかたのコアコンピタンスはなんでしょう? ジャパネットたかたの元社長・高田明さんは講演の中で、「伝える力」を力説していました。これは、テレビで商品を売ることでだけではありません。

「自社でターゲットに合った顧客に向けた商品を見つけ、〝伝える力〟である販売力を高める」のが、ジャパネットたかたのコアコンピタンスだと私は考えます。

このように「伝える力」を高めることで、他社との差別化を図れます。「伝える力」については、後ほどご紹介します。

差別化要因が見つからない会社では？

もし、あなたのビジネスで、差別化策が見つからなかったら、すべてのサービスを他社より1枚厚くしてください。電話の受け方・挨拶・おもてなし・商品・清掃など、あらゆる部分を他社より1枚厚くすることで、商品は同じでも総合的には他社との差別化が図れます。

ローソンよりセブン-イレブンのほうが「なんとなくいい」と感じる人が多いのは、その点です。一つ一つの商品の徹底力や品揃え、展開の速さなど、少しだけ、すべてにわたってセブン-イレブンのほうが、他コンビニより上回っているからです。

さらに、鈴木元代表の語る「顧客が敵で、競合は敵ではない」という考え方自体が、セブン-イレブンを敵として視野に入れている他のコンビニとの差を生み、この時点でしっかりとした差別化ができているのです。

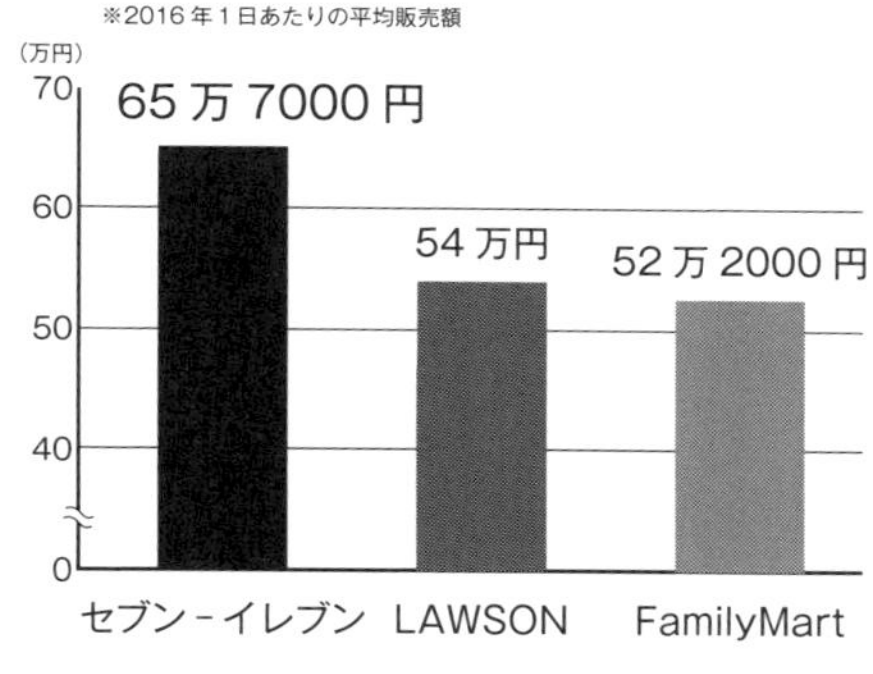

セブン-イレブンと他のコンビニとの比較

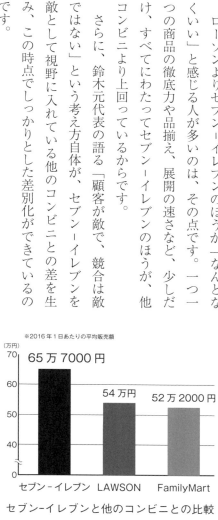

また、「かんてんぱぱ」の伊那食品工業（株）の社長は、「掃除することが営業だ」と社員に徹底させるようです。営業マンの身なりや整理された事務所が、人を引き寄せたり感動させたりする、そこに掃除の重要性があるのです。清潔な身なり、整理されたカバン・礼儀・いつもきれいになっている営業車・ロゴの入ったきれいなユニフォームなど、当たり前のことですが、これらが人を惹きつけます。

これを私は「レバレッジを効かせる」と表現しています。

前項でも解説した「レバレッジ」を効かせることです。

顧客がこの人に仕事を依頼したいと感じてもらうための身なりや行動が大切だということです。

また、（株）ファーストリテイリング代表取締役会長兼社長の柳井正さんは、ユニクロのバックヤードの整理整頓・清掃にもかなり注意をしています。

日経系のテレビで観ましたが、ある投資家は、その会社の３つの項目のうち１つでも当てはまる企業には投資をしないと決めているそうです。その１つが、入り口の傘置き場などが乱れている企業とのことです。私は納得できます。

昔、ある社長が「小さな傷が車にある人は、小さな問題を放置するタイプだから信用できない」と言っていました。小さくても問題を簡単に放置する会社や人間は、それを大きな問題に増幅させてしまう資質があって、いい仕事はできないということです。

これらの話が「マーケティング？」と不満に感じる経営者には、自社の大きな成功は望めないと思ってください。なぜならば、マーケティングとは、企業のすべての力を利用して、お客さまを集める作業なのですから。

独自性による差別化

よく私は、工務店向けのセミナーで大駐車場に停まっている車の話をします。休日にショッピングモールなどの大型駐車場に行ってみると、様々な車種・様々な色・様々な年式の車があります。新車で購入した車・中古で購入した車と様々な状況下で、自家用車が購入されます。また、その購入時期も購入者の年齢も収入も異なります。もちろん、ＳＵＶや人気ハイブリッドカーのプリウスなどは多くありますが、しかし、それらの車がすべてではありません。

市場での人気を取り入れて、年間30戸も受注できない小さな工務店が、ＳＵＶやプリウスのような住宅を建てる必要はありません。それらを販売するのは、ハウスメーカーに任せればいいのです。大切なのは、自社の強みにあった、ターゲットを絞った自社らしい住宅モデルを提供すること、そこにフォーカスする必要があります。すなわち、大手ハウスメーカーも他社もやらない家づくり提案をする必要があるのです。

「価格帯」「お客さまの思い」「なぜ、自社をお客さまが選んでくれたのか?」、お客さまのライフスタイルなどをしっかりと調べて、自社の一番得意なタイプの住宅モデルを、それらのお客さまが好むデザインの広告物でアピールする必要があります。

言い換えれば、すべての顧客がかっこよく・素敵な住宅を望んでいるということではないのです。大切なのは、お客さま側の視点に立ったマーケティングをするということです。


あまり美味しくなく、愛想のないラーメン屋さんにホームページの制作を依頼されるときに、私は丁重にお断りします。そして、思うのです。

「ホームページを作るより、美味しいスープを開発するか、親爺自体が愛想を良くしただけで顧客拡大はできるのでは?」

この店が繁盛しないのは、経営者の視点の問題ではないでしょうか?と私は考えるからです。

大きな企業にはできない自社の独自性をアピールすることで、それを求めるお客さまには、十分な満足感や感動を与えることができます。

大手住宅メーカではできないことを

例えば工務店なら、竣工時に施主の家族の知人などを招待してもらって竣工パーティを企画するのです。そのときに記念品を持った工務店の社長がお祝いに駆けつけます。施主が感動と喜びを知人に見てもらい、工務店の社長が「これから長いおつきあいが始まります」と施主に記念品を渡します。その感動のシーンを施主が招待した人たちが体験します。

その招待された人は、施主が新築に満足しているのではなく、「感動」していることに自分も感動します。そして、SNSに投稿してもらいます。人は、感動体験を人に話したくなります。ここから、口コミの力は始まります。

大手ハウスメーカーの社長が各施主に挨拶のために行動を起こすことは不可能です。つまり、小さな工務店だからこそできるイベントなのです。

「お客さま満足度を高める」なんてあまり意味がありません。私は、いつもコカ・コーラの自動販売機で缶コーヒーを買いますが、満足はしています。しかし、感動はしません。自動販売機にAIが仕込まれていて、「今朝は寒いから、ちょっとだけ温めておきました」などと、可愛い女の子の声で話しはじめたら感動して、朝の朝礼やその日に出会った人や家に帰ったときなど、その感動話をするでしょう。

売るのは、モノやサービスではない、お客さまに「感動」や「夢」を売るための売り方を開発することも独自性のある会社になる方法です。自社でなければできない「感動」や「夢」を売るための独自性を養ってください。

それが〝雲の上を飛ぶことができる〟、他には真似できないコアコンピタンス経営を行っているということではないでしょうか？

マーケティングを学んでいくと、工務店の例のように受注を拡大する手法は限りなくあります。

市場の隙間を探す！

数年前から、相続のビジネスが活性化されました。士業や金融機関・建築不動産関係は、相続ビジネスに集中しました。しかし、小さな税理士事務所や行政書士・司法書士などが金融機関・建築不動産関係と同じ市場で同様に闘うのは、とても賢い策とは思えません。

そこで、独自性が必要になります。相続には、マイナスの相続や相続人探しなどのニッチな市場がたくさんあります。インターネットを利用すれば、全国から依頼が集中します。ですが、どこでもやっている相続業務では、金融機関や窓口の開かれたところに集中します。そこから下請けをするしか士業の生きる道はありません。

今や士業という国からのお墨付きだけでは、仕事を取ることはできません。士業以外の仕事を得る技術も修得しなければいけません。ウェブでもSNSでも良いのです。1つの業態だけでは、生きていけない時代なのです。

士業と同じような職種に職人がいます。この人たちも同様です。「顧客を見ずに」自分のできることだけやっても生きてはいけません。まして、クラウドやAIの発展により、暗い将来性がある税理士や他の士業です。事業承継をビジネスメニューに入れていても、皮肉なことに自分の事務所の事業承継ができない事務所が少なくないようです。

これからの時代は、隙間とウェブを活用できないと士業は生き残れなくなります。

ビジネスモデルで差別化を図る

これは、真似をした例ではないのですが、中古車業のサービスと私の会社のウェブ制作業とで、偶然にも同じサービスの概念があったという話です。

福岡最大のミニクーパー専門店「ドゥテツ」のお客さまが毎月支払う定額のミニクーパーの保守サービスがとても優れています。古いミニクーパーには、修理などの維持費がかかります。一度の修理に多額な費用がかかり、古いミニクーパーを維持することが難しくなります。それを定額で、毎月の保険のようなかたちでの保守料サービスがあるそうです。いざ、修理が必要なときに部品代・修理代などの多額の修理費が不要になるシステムです。まさしく、顧客の抱える問題解決が行われているビジネスモデルです。たまたま、日創研中信研究会のイベントでドゥテツの代表取締役・織畠哲朗さんの講演を聴いて、弊社と同様のシステムだと感じました。

弊社のシステムは、月額のサーバー管理料と合わせて月間サポート料（保守料）をご負担いただくことで、ウェブの知識がない、忙しいお客さまがホームページの修正や追加に関わる作業一切から解放されるというものです。弊社では、１８０サイトの保守契約をいただいて、毎月、平均20％のお客さまがホームページの修正・追加などのサービスを必要とします。つまり１８０サイト分の運営費を、20％のお客さまのホームページの修正・追加・変更作業などに最大限、充てているのです。これ自体、弊社の売上の約50％を占めています。

このように、業種は異なっても同様なサービスを構築することはできます。ですから、あなたのビジネスに合った他社との差別化を図るためのサービスが異業種にある場合もあるのです。

くわえて、初期顧客獲得には経費がかかります。これをフロントエンドと言います。リピーターの7倍かかるとも言われています。例えば、リピートなどのバックエンドでのビジネスで利益が獲得できるのなら、フロントエンドでは、他社より商品価格を安くするとか、付録をつけることが可能になります。広告費を増やすこともできるでしょう。そして、新規顧客の獲得率を高めることができます。

また、その逆にフロントエンドを無料やお試し企画にすることもできます。

このようなビジネスモデルの変更や売り方を変えることで販売実績も上がります。

サービスの概念を真似る

私は、アマゾンに最高額で買収された靴の販売サイト「ザッポス」の真似をしたいと思い、何度もザッポス関連の書籍を読んでいます。特に石塚しのぶ著『ザッポスの奇跡～アマゾンが屈した史上最強の新経営戦略～』（廣済堂出版）をぜひ読んでください。ネットショップを運営していなくても、あなたの企業のイノベーション策のヒントが見つかるかもしれません。

ザッポスの利益を度外視したサービスは、ウェブ上のリスティング広告を使わず、口コミに広告費用を充てているようにも感じます。SNSの口コミに載ったほうが潜在顧客への影響も高いということです。自社が自社の商品を「優れている」と伝えても、ユーザーからの信頼度は得られません。しかし、購入者が感動をＳＮＳでツイートすることによって、それを読んだフォロワーが「私もザッポスで買ってみよう」と思うのは、私が解説するまでもありません。

真似をするというのは、とても大切なスキルです。そして、真似るためには、真似るものを見つける必要があります。そのためには、社内や取引先だけに目を向けるのではなく、外に目を向ける必要があります。そのためのベンチマークをする作業を行う必要があります。

ですが、これらの考え方は、近い将来には通用しなくなるでしょう。なぜならば、スマホゲーム感覚で商品を購入するような多様化した新しい概念をもった顧客が増え、彼らに対応するためのよりいっそうの創造力が必要になるからです。

バタフライエフェクトという言葉があるように、小さな揺らぎから大きな変化が発生する時代です。そんな時代が現実にもうすぐ押し寄せてきます。そんな時に変化に柔軟に対応できるマーケティング力のある人的資産を高める必要があるのではないでしょうか。

Marketing 4

- 差別化より独自化をするべきです。
- 差別化には、他業種を真似たり、全社員が他社より1枚上のお客さま対応を行ってください。
- 独自化も「顧客を見る」ことから始まります。
- 大手ができないこと、他社ができないことを探しましょう。
- 変化に対応できる人的資産を高めましょう。

伝える力

Marketing 5

伝える力の必要性

業績アップを行うには、「伝える力」は、最も重要な力です。マーケティングでは、「伝える」ことがベースにあります。ＡＩＤＭＡ法則の最初のAttention（認知）とは「知ってもらう」ことです。多くの人に自社や自社の商品を知ってもらうには、「伝える力」が必要になります。この伝える力は、「ジャパネットたかた」や深夜のテレビ通販広告を参考にする必要があります。

またこの時点で、ブランディングなどは考慮する必要はあまりありません。小さな会社にとってブランディングは、認知度が低い時点では、まったく不要だからです。そんなものに費用を使う必要はありません。ブランディングは偶然の産物ぐらいに考えてください。「誰に」「何を」「どのように」をしっかりと伝える必要があるのです。

顧客の求める変化や期待にコミットしてください。

広告ではオファーをしなければならない

テレビ広告や新聞広告・チラシなどには、必ず顧客へのオファー（申し入れ）が必要です。何らかの申し入れをする必要があります。それは、深夜のテレビ通販広告には必ずあります。「いつまでに購入申し込みをすると、これも付いてきます」と期限の限定と、最後にお客さまの行動を促す値引き。そして、ノベルティのような付録があります。コンビニで時々見かける缶コーヒーのおまけは、「まず自社製品を飲んでもらう」という目的があり、それはかなりの成功確率のあるイベントとなります。

初めての購入者を獲得するのと比べると、顧客を固定化するほうが経費はかかりません。そして、一度買っていただいた方にリピートや口コミの発信源になってもらうためにも、初めての顧客を獲得するには、経費やアイデアが必要なことを理解してください。

一度顧客にしてしまえば、リピートを得るための営業・広告の経費も少なくなり、新規顧客を獲得するより、遥かに利益が高くなります。そのため、リピーターにより十分な利益が得られる仕組みができれば、新規顧客獲得対策のために、他社より経費をかけられるということになります。

オファーとは、顧客の行動を促すものです。ＡＩＤＭＡのＡの部分の行動を起こしてもらうためには、

「もし、あなたが抱えている問題の解決を求めるのなら、まず、無料トライアルにお申し込みください。あなたはこの商品であなたの新しい快適な毎日を創造できることでしょう」

などのようなコピーライティングをホームページ・チラシ・TV広告などの広告物に添えることが、その成果を高めるオファーとなるのです。

情報を伝えるのではなく、コミュニケーションをする

知ってもらうために、ウェブサイトや広告で「情報」を伝えるのではなく、「コミュニケーション」をする必要があります。そして、潜在顧客に行動を促す、背中を押すようなインフォメーション（案内）が必要です。ホームページなら、ボタンをクリック、もしくはスマホサイトならタップしてもらうための「背中を押すための言葉やビジュアル」が必要になります。

「自分の目で　肌で　感じる　理想の住宅展示会」
「勝ち組になるための第一歩　セミナー申し込み」
「知らないと損をする３つの法則　住宅ローン説明会」
「あなたのワガママ　すべて反映して　この価格」

などなど、これは工務店系のコピーライティングの例です。

広告の世界では、コピーライティングはとても重要なファクターです。

ターゲットを絞り込み、広告コンテンツ（内容）を考える

「伝える力」とは、ジャパネットたかたのように、テレビで商品紹介をしてくださいということではありません。しかし広告とは、中途半端に行って成功する例はありません。やるなら大胆に行う必要があります。

ただ、広告には大きなロスがあることを理解したうえで、広告を行うために自社のターゲットを絞り込む必要があります。一滴の水滴も出ないほど濡れ雑巾をギュッと絞るように。つまり、「誰に」には、B to Cなら、そのターゲットを性別・年齢・地域・収入・家族構成・問題点・学歴・ライフスタイル・性格などまで、ペルソナができるような点まで絞ります。ペルソナとは、また後ほど解説しますが、簡単に説明するとターゲットを絞り込んで、そのターゲットのストーリーを作り出し、そのターゲットに合った訴求をするということです。

ですから広告は、「みなさま」ではなく「あなたに」とメッセージを発しなければなりません。

ターゲットを絞り込む恐怖を捨てる

ターゲットを絞り込むと、経営者には恐怖感が発生します。しかし、一度の広告で得られるものを1つに絞り込むことは、その効果を得るためには重要なことです。

そして、そのターゲット以外にも、ターゲットを絞った自社の商品を知ってもらうのです。ターゲットには、家族も知人もいるのです。B to Bであれば、社員も取引業者、下請業者などもいます。そのターゲット以外の人たちにも自社の商品のターゲットを知ってもらう必要があるのです。

例えば、「下取り」をジャパネットたかたが行っていることを、ジャパネットたかたの顧客でなくても知っています。潜在顧客でも知っていますが、そうでない、ジャパネットたかたに興味がない人でも知っているのです。だからターゲットに届くのです。

そのためには、自社や自社の商品を「選んでもらう」という概念を持つことです。家族の会話や仕事での雑談の中に、自社の話題が出れば良いのです。「それってブランディングでは?」と思われる方もいるでしょうが、ブランディングは、信頼度の力を高めるために行うことで、小さな会社では、直接販売に結びつける行為ではないと私は考えています。

小さな会社では、何かの販売を行い、販売を促す行動と共に「知ってもらう」という行動を起こすべきです。

20秒を大切にする

名刺交換の時、あなたの相手が、あなたに集中力を保ち注目してくれる時間は、わずか20秒です。この20秒の間に、分かりやすく、自社の特徴を伝える必要があります。多くの経営者が20秒間で、相手の印象に残る、自社が顧客に提供できるベネフィットを分かりやすく伝えることができません。

名刺交換の時、20秒間に口頭で自社が顧客に提供できるベネフィットを伝えられるようにシナリオを作る必要があります。ここで注意したいのが、顧客に提供できるベネフィットとは、〝自社の強みを伝えろ〟ということではありません。「強み」だけでは、自慢話に受け取られます。また、多くの経営者が、「強み」を理解していません。「強み」とは、顧客から見て、優れた点を持つことです。そして、その強みは、他社にないものでなければなりません。

そして、数値を入れたベネフィットを分かりやすく、名刺交換時に相手に伝えます。その20秒間の自社の特徴を知ってもらえると、それが口コミに乗りやすくなります。

1.「小さな会社に140％業績アップを成功させた経営革新のできる身近なコンサルタントです」
2.「小さな会社でも日本一を目指すような夢のある企業のためのコンサルティングをします。そしてコンサルタントの結果の増収の20％が私のコンサルティング料金です」

このようにターゲットを絞り、20秒間で伝えられる自社のセールスコピーを用意する必要があります。

伝える力とは、誰にも分かりやすく、覚えやすいセンテンスでつくる必要があるのです。「2倍」「160％」などという具体的な数値が入ると更に効果的です。そして「何を」ターゲットに与えられるのかを明確に伝えてください。

自社のビジネスを短い会話で簡単で分かりやすく、効果的に説明できる経営者と、私はあまり出会ったことはありません。

また、20秒間で伝え終わったら、アクティブ・リスニングを行ってください。それは、相手の話に感情移入して耳を傾けることです。自己紹介をする前にアクティブ・リスニングを行っても構いません。その時点で相手はあなたを認めます。

アクティブ・リスニングは経営者には重要なスキルです。このスキルは、相手の話に耳を傾け、いい人間関係を築きます。そして、その名刺交換をした人の裏に控える人脈に入り込むことができます。

デザイン力

もともとデザイン力がない経営者に「デザイン力を高めろ！」と言っても無理なことです。しかし、自社のターゲットや自社のお客さまへの思いをロゴマークデザイナーに伝えて、制作してもらうことはできます。デザイン力の高い看板を整備することもできます。

ここで注意したいことは、ロゴマークなどを、間違っても自分や自社の社員で作ろうとしないことです。自己満足は最悪です。

また、グラフィックデザイナーでも自社のターゲットなどを理解できない業者には、制作を依頼しないことです。それは、どんなにいいデザインでも、自社のターゲットが自社の商品を購入して得られるベネフィットや期待を感じられなかったり、逆に顧客から敷居が高くなってしまったりするからです。

デザイン力は、競合他社との差別化に役立ちます。また、配達や営業車・ユニフォームなどで潜在顧客を引き寄せることもできます。

問題は、経営者のセンスの無さ、ロゴマークを軽視している点です。「お客さま」「地域社会」「社員」の幸せを考えた経営理念に基づいたロゴマークは、企業の内外に重要な役割を果たします。

CI（コーポレーションアイデンティティ）が流行した時代がありました。私も多くの企業のCI／SIに関わりました。そして、流行ではなく、企業としては重要な作業だと今でも考えています。小さな会社であれ、保険外販売員であれ、デザイン力で他社と差別化することはできます。しかし、デザインのこだわりがない経営者なら、ロゴマークの作成などを専門家に委ねるべきです。

デザインには基礎があり、誰でもできるものではありません。自社のマークである以上、十分な予算をかけて行う必要があります。

顧客のこころを動かす文章

税理士法人「チェスター」では、ホームページのトップページの上部のキャッチコピーを役員が徹夜で考えたそうです。そのぐらいキャッチコピーとは大切なものです。この税理士事務所は、日本一の相続業務を行う、社員90名程度の若い経営者の会社です。

この事務所のイメージキャラクターには、大岡越前役で有名な俳優の加藤剛を起用しました。それは小さな会計事務所の時の行動です。

経営理念も同様です。言葉は、人のこころを動かします。文章は長ければよいというものではありません。広告物を作成するときに、業者に「コピーライターはいますか？」と尋ねてください。もし、「いない」と返答が返ってきたら、違う業者を探しましょう。そのぐらいコピーライティングとは広告効果に影響します。もちろん、コピーライターがいる、もしくは協力会社や外注にいるという業者の方が「コピーライターはいない」という業者とは、制作価格が異なるでしょう。しかし、その制作費の差額の何倍かの効果を得られることでしょう。

例えば、あなたが書籍の情報を持たず書店で本を買う時、何を基準に本を買うのでしょうか？

本のタイトル・帯の文字・筆者などの要素で本から得られる価値を感じて、レジに向かうのではないでしょうか？

この文章力にも「センス」が必要です。しかし、デザイン力とは異なり、文章力は、多くの文章を書くことによって成長します。メールの文章・ＳＮＳの文章・ブログの文章など、これからの時代、この文章力がビジネスに大きな影響を与えます。

あなたは、「文章が苦手・SNSやブログを投稿する時間がない」と言い訳をするかもしれません。しかし、経営者が自分の時間を作れないはずはありません。

時間は、だれにも1日24時間あります。その時間の使いみちを経営者が決められないはずはありません。ちょっとした隙間の時間にできることはたくさんあります。

短くて、分かりやすく、人の記憶に残り、人のこころを動かす言葉を見つけてください。

物語を語る

人は、物語が好きです。ちょっと前の日本人は「水戸黄門」のような、結末が分かっている物語を好んでいました。どんな会社でも物語はあります。何代も継がれている会社なら、尚更のことです。

例えば、どんな思いで起業したのか？　どんな失敗をしたのか？などは、顧客を引き寄せる項目です。また、できるだけ誠実な物語を作るべきです。言い換えれば、嘘で固めた物語では意味がありません。その自社の物語を書いた包装紙や印刷物を商品に入れてください。または、ホームページのコンテンツにしてください。

苦労話や努力して目標に向かっている姿は、人のこころを惹きつけます。もちろん、商品づくりなどのこだわりも同様です。しかし、これらの物語を全面に出すことはできませ

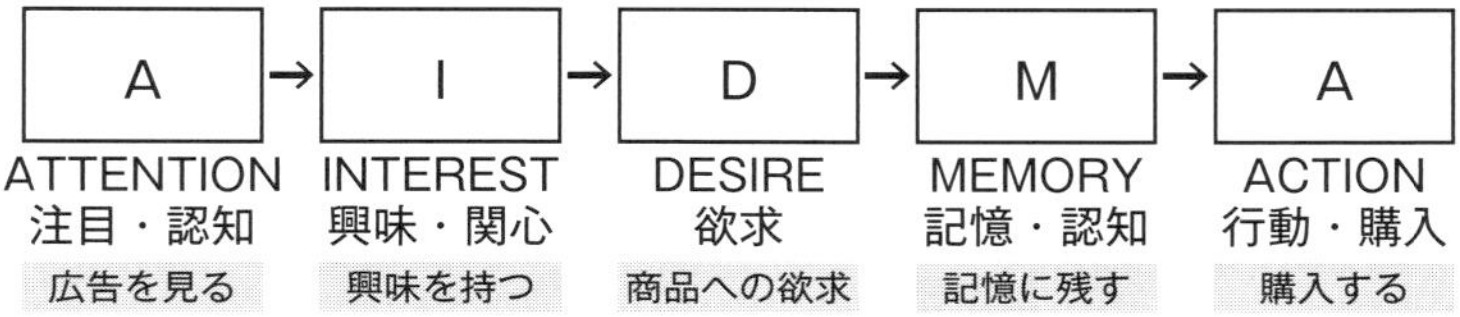

消費者の購買行動プロセスとしては、従来は上記の AIDMA の法則が標準的でした。
しかし、これからのデジタルマーケティングでは以下の AISAS（アイサス）が主流になります。

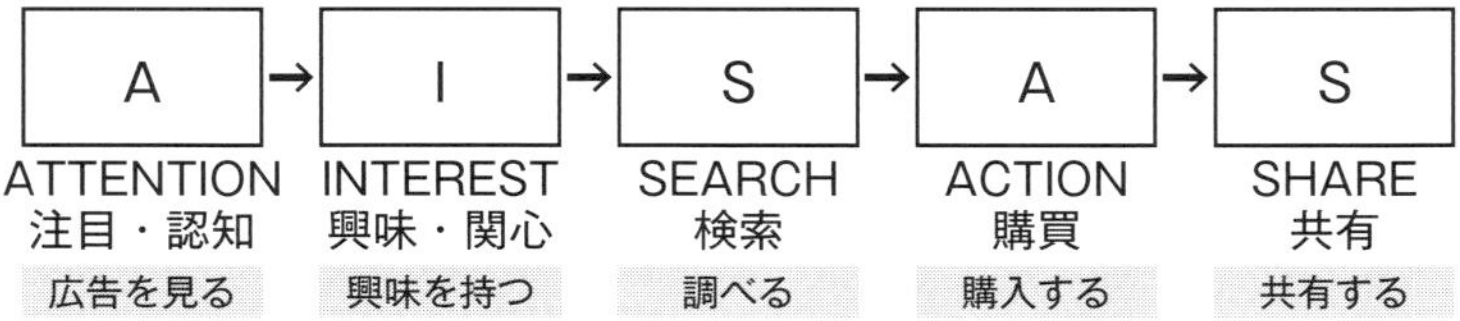

これは、購買行動プロセスを説明するモデルのひとつであり、インターネットの普及後の時代の購買行動を表しているのが特徴です。
購入後に顧客にSNSで拡散してもらう。これがこれからのデジタルマーケティングのフレームワークです。

SNS 時代の AIDMA である AISAS

ん。ですが、商品購入などを検討している人には、その会社の実績と同じくらい効果があります。

購買行動に人が至る時には、段階があります。「いいな」と感じてくれてから、「欲しい」までに、あなたの商品を顧客が見極める段階があるのです。物語は、購入の動機づけになるのです。ＡＩＤＭＡのInterest（関心）の部分に、物語は影響力があります。その商品が誕生した物語・自分が起業した時の物語・自分が会社の跡を継いだときの物語など、人生にはたくさんの物語があるはずです。

Marketing 5

- 伝える力を身に着けよう。
- 伝えるべき項目を決めよう。
- デザイン力を強化しよう。
- 文章力を強化しよう。

Marketing 6 小さな会社の経営者が知っておくべきマーケティング

営業とは？

「営業」という学問はありません。しかし、「商業」という項目は日本にもありました。フィリップ・デルヴィス・ブローンが書いている『なぜ、ハーバード・ビジネススクールでは営業を教えないのか？』（プレジデント社）では、「営業はこの世の中でいちばん重要な仕事」と記されています。「世界を動かしているのはセールス」だとも言っています。

しかし、私はあえて、マーケティングを強化すれば、この職務は不要だと考えています。そして、多くのクライアントに名刺の肩書きを「営業」から「お客さま係」に変更してくださいとお伝えしています。

ＰＣ業界では、「購入前相談係」の名でお問合せ先名を提示しています。

まず、営業という職務の人とテーブルを一つにすると、そこには「売りつけられるか？」「断る」という2つの対立構造で向き合うことになります。それでは、現代の顧客は、営業と会話することも躊躇します。Ｂ to Ｂでも同様です。

社内的な部署名と名刺の担当名は異なっても問題はないでしょう。

単なる言葉ですが、顧客に与えるイメージは、「営業部課長」なんて肩書きでは、顧客の問題点を引き出すことはできません。

しかし、住宅販売・B to Bなどの事業で、ネットだけでは販売ができない、あるいはオーダーメイドのような顧客にとって購入が複雑な商品にとっては、業務セクションとして、営業は重要な仕事です。

営業とは人脈開発が仕事

あえて、営業職の仕事を定義するならば、「人脈づくり」と「パートナーづくり」が目的ではないでしょうか。ですから、営業は「人脈開発係」になります。

人脈づくりに成功すると差別化ができます。特に差別化できにくい商品を販売している企業では、質の高い人脈があると、顧客のほうから必要になった時に連絡をもらうことができます。商品のオーダーは、顧客からの「お願いします」という声を待ちます。自社から営業的・攻撃的なものは必要ありません。つまり、クロージングは不要なのです。

営業とは、顧客に選択してもらうために情報を提供する仕事になるからです。人脈があると、あなたの会社の目指す方向性などを理解させるようになります。紹介も得られます。

例えば、ホームページ制作を売る弊社のウェブ事業部では、ホームページを必要とした経営者には、商品の説明をするかもしれません。ですが、企業が求めていない時に営業を行っても成果は得られません。ですから、必要を感じた時に弊社に声がけをお願いできるように関係を築くのです。クロージングや商品自体の話はしないので、先方からオーダーが来ます。

選んでもらう意識

そもそも弊社が、商品の話は、先方が求めない限りしないのには意味があります。それは、自社のファンづくりを行いたいからです。ですから、相手の経営者が抱えている問題を聞き取ることに専念します。そして、その解決案を提案します。

また、ホームページ制作について、経営者に説明しても、ほとんど理解はされません。それよりも、経営者が判断できる部分で自社を選んでもらう必要があります。それには、身なり・態度・情熱・実績などのレバレッジを効かせる必要があります。そして、何より仕事をいただく前に、相手先に何かを提供します。

また、自社を選んでもらうためには、他社との差を感じてもらえる比較表などを提示します。「多くの企業が売上をアップしたい」という問題があるので、ホームページだけでは解決しないことをお話しすることもあります。企業の問題が業績アップなら、売上だけではなく生産性向上も提案します。自社の商品でなくても構いません。企業の営業プロセスの弱点を補う提案を行います。目的は、テーブルの前にいる経営者の問題解決を行うために座っているという自覚です。自社に発注してもらえることではなく、パートナーとなってもらうことを目的にします。

そして、お金と制作物の関係ではなく、多くの付加価値を付けます。そこで、はっきりとした差別化やコアコンピタンスを先方に感じてもらえます。そうです、今の時代の営業は、人脈を作ってパートナーを作る仕事なのです。

クロージングして、断られてしまうと、そこで関係が遮断されます。それより、多くの人脈を広げることを目的にしたほうが成果は高まります。

また、常に取引はウィンウィンの関係を保つことと、スティーブン・R・コヴィー著『7つの習慣』（キングベアー出版）にも説かれています。この本は、私のバイブルの一つです。取引は、どちらにも良い条件でなければ契約をしないということです。この考え方を私は大切にしています。

人脈を開拓するマーケティング

名刺交換を行った相手は、あなたの自社リストに加えましょう。無料スマホアプリ「エイト」で名刺画像を撮影するだけ、数百円出せば、ＣＳＶでリストをダウンロードしてエクセルで管理できます。つまり住所録を作ります。それをＣＲＭツールに私は入れます。これは自社のＫＰＩ（重要業績評価指標：133ページ参照）をするためです。このツールは、営業情報を整理するツールです。ハブスポット社では無料ＣＲＭツールを提供しています。そして、このＣＲＭからＭＡ（マーケティングオートメーション）の画期的な営業作業を簡素化し効果的なアプローチを行ってくれるツールに移行します。

しかし、そんなツールを使わなくても、まずエクセルで潜在顧客情報として管理することはできます。そして、出会いを効果的にするためにハガキの挨拶やメールでの挨拶を行ってください。

そして、相手が必要とする情報があれば、ＦＡＸやメールで紹介してください。名刺交換したからといって、すべての人に個々にこのようなことはできませんが、気になる人には、このような情報を自社のアピールなしに送ることで、その人の先の人脈に到達する可能性があります。

また、せっかく一度知り合った人に、自分を忘れないでもらうことです。ハガキやニュースレターのようなものを発送するのも人脈を拡大するツールになります。この時も同様に、自社のアピールや自社の商品の売り込みは避けてください。

こうしたことは、自社の顧客に対しても同様です。売り込みを感じさせないで、自社を記憶にとどめてもらうための行動が必要なのです。

ビジネストレンドや生活情報などを掲載したメルマガを発行するのも良い手段です。メルマガサービスでコンテンツまで作ってくれて、発信してくれるサービスもあります（できれば自分で書くのが望ましいのですが）。

これらの行動は、商品単価が高いビジネスや標準化されていないビジネスにおいて、特に有効です。標準化されていないビジネスとは、顧客が、その商品について簡単に「良し悪し」の判断をできないビジネスのことを指します。工務店・リフォーム業・不動産・ウェブ制作・広告業などなど、顧客が簡単に評価できない商品を販売している業態のことです。保険商品では、自動車保険・生命保険が標準化した商品で、経営者に関する保険などが、非標準化した商品だといえるでしょう。

どちらの形態のビジネスであろうが、人脈とは、ビジネスでとても大切な資産です。そして、どこにも多くの人脈を持っている「酋長的な人」やオーソリティ（権威のある人）のような人がいます。その人をターゲットに、その人の後ろに控える人脈を味方につけることは、営業においてもマーケティングにおいても、とても重要です。

これは、ＳＮＳなどでも同様です。「ＰＰＡＰ」で一躍、時の人となったピコ太郎は、動画ソーシャルメディア・ユーチューブで、その世界のオーソリティであるジャスティン・ビーバーに気に入られました。結果、世界中の人がその動画を見る結果となりました。オーソリティを味方にすると、売上は信じられないほど桁違いに変わるものです。

お客さまを引き寄せるには？

マーケティングとは、「企業のすべてのチカラを利用して、お客さまを引き寄せることだ」と私は定義しました。ですが、これには、広告の成果分析のように「何が、どのように」と論理的に解説できない部分があることを私は知っています。

簡単に説明すると、人は、その商品やサービスの価値を評価して、その後の自分の変化・期待の代価として、最も不快な行為である「支払い」を行うのです。

その価値とは、例えば専門性・夢の大きさ・情熱・熱意・行動力・明るさ・誠実さ・親切さ・デザイン・実績などなど複数あります。

これらの価値を人は評価して、自分の望む変化や期待にあった価値に代価を支払います。お客さまは、その商品が優れていようが、劣悪なものであろうが、その価値観に基づき購入行動を行います。

人を惹きつけるのは、営業や広告、イベントでだけではありません。企業人の行動でも人は惹きつけられます。多くのビジネスで、顧客が「買ってみなければ分からない」ことをアピールしますが、それでは顧客のこころを動かすことができません。

つまり、顧客が商品の良し悪しを判断できない商品が多いのです。ですから、「あの人、誠実そうに思えるから」「あの人、専門家だから」「あの人、清潔だから」……と、顧客が判断できる点、つまり私の言うレバレッジを効かせることが大切になるのです。

しかし、ネット販売などでは、異なった意味のレバレッジを効かせる必要があります。それは、コンテンツマーケティングやウェブデザイン・メールマーケティングなどより高めることができます。

顧客を見るために重要なマーケティング「ペルソナ」

ペルソナマーケティングについて簡単に説明します。まず、自社のターゲットからモデルユーザー（ペルソナ）を作り出します。その顧客の具体的な年齢・収入・生活志向・ファッション志向まで具体的に設定します。そして、その顧客のニーズを満たすようなかたちで商品やサービスを設計する、という手法がペルソナマーケティングです。

例えば、学習塾のペルソナを設定すると、塾に通う学生ではなく36歳の短大卒の主婦の行動・考え方を分析します。するとその主婦は、スマホと、自分の行動範囲にある塾を直接見た外観の印象、そして口コミを情報源とします。それを仮説として、マーケティングを行います。

「顧客を見る」には、とても重要な作業かもしれません。

自社の顧客が自社の商品に価値を感じる、自社が一番得意であると考えられる項目を見つけてください。そして、これからも成長するであろうと思える顧客の価値であるなら、それを求めるターゲットを明確にすることです。小さな会社では、大手企業のようなフルラインアップで顧客に確実な満足感を与えることはできません。ですから、一滴の水滴も出ないほどに雑巾を絞るように、ターゲットを絞り込んでください。

顧客の求める価値が多様化していても、自社が最高の満足感を与えることのできるターゲットを明確にしてください。

年齢・趣味・嗜好・家族構成・ライフワーク・学歴・収入・正確などなどを決めることによって、そのターゲットが好むコンテンツ（内容）の広告やホームページの作成ができます。

それによりカスタマージャニーマップを作ることで、ターゲットがどんな広告が必要なのかが見えてきます。

ペルソナを行ったターゲットの行動をフォローすることで、どんな媒体でどのように広告をすればいいのかが見えてきます。

興味のある方は、「カスタマージャニーマップ」で検索してください。馴染みの広告代理店やコンサルタントに手伝ってもらうこともできます。

Marketing 6

- 営業という名刺は不要です。
- 人脈を広げ、パートナーを増やす必要があります。
- 人を惹きつける力を身につけましょう。
- ペルソナを行ってターゲットを絞りましょう。

Marketing 7 経営者に重要な広告の考え方

広告の考え方

電信柱の広告でも、一見効果がないようですが、何度も潜在顧客が目にすることで効果が得られます。また他の広告との相乗効果を期待できます。広告MIXと考えてもいいでしょう。

しかし、現実的に小さな会社が一つ一つの広告やそのシナジーを効果測定することはできません。新聞広告・折込みチラシ・ポスティング広告・ラジオ広告・テレビ広告・専門誌広告・ホームページ・SNS・イベント・サイン（看板）などのすべてが同様です。

加えて、直接的効果を測定するために小さな会社が一つ一つの広告にABテストをすることもできません。また、それをする必要もありません。そんな経費と時間があるのなら、別の角度から少しだけ前回と異なる広告を行ったほうが効率的です。さらに、継続することにより効果のあるケースも多々あります。

つまり、予算があるのなら、限りなく多くの広告を行うべきです。また、やり続けるべきです。続けることで大きな効果を得られるケースもあります。

知ってもらうことを強化する

マーケティングでよく使われるＡＩＤＭＡ法則があります。まず、知ってもらう（認知）ことはとても重要なのです。

1	Attention（認知）
2	Interest（関心）
3	Desire（欲求）
4	Motive（動機）
5	Action（行動）

１のAttentionとは、「知ってもらう」ことです。知ってもらうには、「伝える力」が必要です。お客さまに自社を選んでいただくには、自社や自社の商品を潜在顧客に「知ってもらう」作業が必要になります。この作業が一番大切になり、そのために最大の効果を得られるのが「伝える力」となります。そして「伝える」ためには、広告が必要になります。商品を売るには、必ず何らかの広告を利用することが認知拡大の時間短縮にもなります。

以上のようにマーケティングを行ううえでは、それを選択する「決断力」が必要になります。私は、「他社が行っていないこと」を決断の材料としていて、それらを率先して行うことにしています。多くの人が反対するプランのほうが成功する要素が高いとも考えます。なぜなら、成功するのは、その業界の数パーセントだけだからです。自分の決断が他社と異なることにこそ、成功の兆しがあると感じます。

売り方が下手な人たち

買ってみなければ分からないことをアピールしてはいけません。商品のスペックより、その商品で得られる変化をアピールするのです。

アップルやＩＢＭをコンサルティングしている営業の神様といわれるブライアン・トレーシーが語っていることで、一番重要に感じたのが「人は、商品を購入するときに、その商品そのものではなく、その商品を購入したことでの自分の変化や希望にお金を払う」というものでした。これは議論の余地のない購買時の行動心理です。本書の冒頭のベンツの話と同様の考え方です。

多くの工務店の社長などは、自社の住宅の建て方の優れたことばかりを話します。しかし、お客さまが求めているのは、住宅を購入して、その住宅建築後、自分たちがその家に住んだ時の生活の変化です。つまり、成長する子供のこと・近所のママ友からの目線の変化（つまり、羨ましがられる自分）・素敵に便利にリスタートできる生活の変化です。すなわち、「夢」「希望」「期待」「現状打破」などの思いを持っているのです。

言い換えれば、住宅を新築した奥様の願いは、自分の人生は幸せのレールに乗っていると自覚できることかもしれません。幸せな家族で新しい生活ができると望んでいるのです。

B to Bのビジネスでもそれは同様です。「これを購入すると売上が拡大する」と言ってもお客さまのこころは動きません。例えば、「いい会社に成長できる」「他の経営者に一目置かれる経営者になれる」などと、お客さまのその後の変化をイメージさせる必要があります。

また、「この商品は必要です」というNEEDというキーワードで攻めるのは、大きな間違いです。必要性を感じさせると、「いつか購入しよう」とお客さまは購入行動を控えます。それより、WANTです。「これ、欲しい！」と思わせるような魅力に訴えるのです。

顧客の「買う」という消費行動には、ワクワク感が伴います。

私は小学校高学年の時にナイキの創業時に販売していた世界の名品であるオニツカタイガーのシューズが欲しくて、それを購入できるときのワクワク感は今でも覚えています。

しかし、今では、欲しいと思うものは、ほとんど手に入ります。ワクワク感を引き出してくれるのは、新しいタイプのアイフォーンやアップル商品ぐらいかもしれません。

お客さまのWANTを上手にアピールできると、お客さまは、美味しいコマセを撒かれた魚のようにその餌に飛びつきます。つまり、お客さまが本当に欲しいと感じると、価格や予算などは関係なくなります。

これらのことを経営者が知っていれば、広告の決裁のときに正しい判断ができます。また、自社内でこのようなライティングができないのなら、専門家に依頼することです。広告に使う「画像」と「言葉」は、その効果に影響するからです。

媒体費（メディアにかかる費用、例えばチラシなら折込み料や印刷代）にフォーカスしないで、広告制作を重要視して、その広告から得られる成果にフォーカスしてください。

そして、お客さまから「契約してください」「それ売ってください」と言ってもらえるようにするのです。そのためにマーケティングを学んでください。

女性をデートに誘う時の話のように、自社の思いや強みであるストロングポイントを伝えるのではなく、「話題のインタリアンレストランに行ってみない？　僕がおごるよ」という、断りにくいアプローチも必要になります。

人のこころを動かすためには、それなりのアプローチも必要な商品もあります。

その逆に自社の思いや自社のミッションを熱く語ったほうが効果的な商品やサービスも

あります。

ミッションを伝えてブランディングを活用したアプローチ

ユーチューブで、サイモン・シネック「優れたリーダーはどうやって行動を促すか」（イノベーション普及の法則）を見ると新しいアプローチを知ることができます。

自社のミッションやビジョンを先に語り、顧客の動向を促す方法です。ある意味、ブランディングにも似ているのですが、経営者や営業マンは、初めて会った人には、このロジックで自社を語ることもできます。

このユーチューブには、日本語字幕があるので、ぜひ見てください。内容を簡単に説明すると、自社のミッションやビジョンを語り、そのためにどんなことをしているのか？例えば研究開発や教育プログラムをしている。そして、最後に自社商品を説明するということです。

言い換えれば、自社は「お金」より大切なものがあり、そのために仕事をしている。その大切なものは、新しい挑戦でもあるということです。

私のお金儲けのためには、誰も私に協力はしてくれません。しかし、私が社会のために何かをしようと真剣に考えていれば、人は私に賛同してくれます。

1　私たちは、この地方の企業を未来につなげたい
2　そのため世界のＩＴ技術を学ぶために様々なことをしています
3　そんな私たちのサービスを知ってください（商品紹介）

商品を売るためではなく、自分たちのミッションのために創り上げたサービスであるということです。

新聞広告・新聞折込み広告・ＤＭ広告

新商品の販売に際しては、自社リスト（顧客リストなど）にキャンペーンや新商品などを紹介するＤＭを発送するのが一番効果が得られます。Ｅメールや新聞折込み広告・新聞広告よりも効果が高いのはＤＭ広告です。

その理由は、簡単です。まず、自社リストは、自社のファンクラブのようなものです。自社を知らない人にアピールするより効果が得られます。さらに、スキップされやすいＥメールより、郵送物のほうがターゲットの目に届きやすいのです。特に手紙のような封書は、簡単には扱われません。新聞折込み広告は、新聞の購買者が少ない現状では、新聞広

告と同様、効果が得にくいのも確かです。しかし、これらもターゲットや目的によっては、効果的になるケースもあります。

ポスティング広告もエリアが指定できますから、目的によっては効果的ですが、私は、個人的には好みません。また、数量が少なければそれだけ効果がないことも事実です。つまり、本気で何かを売りたければ、予算をしっかりと設けて、本気度を伝える意思を持つことです。売り手の本気度は、買い手に伝わります。

また、同様に売り手のいい加減さも、買い手に伝わることを忘れないでください。

そして、多くの関係企業や人の立ち寄るところに、十分な量を配布してください。５枚や10枚なら、すぐ捨てられてしまいますが、50枚程度なら捨てにくく、今のネット印刷などを利用すれば、１０００枚程度まで印刷枚数を増やしても価格はほとんど変わりません。そして、できるだけ厚い紙で印刷してください。

ここまでの話では、「広告は、大量の経費をかけて行え！」と言っているように感じるかもしれませんが、広告とは、お金がかかるものですから、マーケティングをしっかりと学んでほしいという意味なのです。そして、広告には、ロスがつきものです。ですから、できるだけ大量に行うのが大切です。ここだと思ったときは、お金をかけて盛大にやってください。

私の経験からは、売れるチラシには次のよう要素が必要です。

1　オファーする（受け取った人が行動を促すモノ・コト）
2　大きなセール価格を表示する（90％オフなど）
3　大きな身近な見出し（人はここしか見ない）
4　人は、画像の中も文字もしくは下の文字を見る
5　顧客の求める価値を画像にする
6　できるだけ箇条書きにする

これらは、今までの私の経験上、その効果に大きく影響を与える項目です。

BI（ビジネス・インテリジェンス）ツールを活用して　営業プロセスの弱点を補い売上アップを実現させる

ネット通販最大手のアマゾンで販売しているような商品ではなく、営業マンや販売担当が商品説明を行わなければならない商品を扱っているような企業や直接企業に販売するＢ　to　Ｂの企業では、すべての営業プロセスができる万能な人財が確保できていないケー

スにおいては、見込み客を呼び込むためのウェブサイト制作をするよりも、MA（マーケティングオートメーション）やCRM（顧客関係マネジメント）・CFA（営業支援）を利用して、自社の商品の顧客ごとの関心度に合わせたきめの細かいアプローチをすることが重要になります。例えば、自社の商品に興味は持ってくれているが、購買に踏み切れない顧客に「あなただけに特別オファーがあります」などとウェブページに表示させるなどです。

そうすることで、肝心で重要な商品説明やクロージングは「人」つまり営業マンが行うのですが、見込み客の選別や確保、営業プロセス上、疎かにしているパートのステップを自動化して、生産性向上を図ることが可能になります。

また、B to C向けにもSATORIのアンノウンマーケティングや優れた顧客獲得に直結したシステムがあります。これらは、成果を確実視するためのウェブ戦略には最重要システムです。

イベント参加・名刺交換した人にMAで

自社ホームページにそれほどアクセスがなくても異業種交流時の名刺交換やイベントに参加してくれた見込み客にメールやDM、または直接電話をして、見込み客にするなど自社商品の関心度に合わせてアプローチできるのがMAです。もちろん、ホームページ上で興味を示す見込み客に様々なアプローチができるのもMAです。

B to Bが主流になっているMAですが、不動産会社・住宅販売などのB to Cでも活用できます。また、現在なら、月額1万円以下から13万円程度で利用できます。もちろん、高額なサービスの方が営業アシスタント数人分の活躍もします。このようにAIでも同様、人間がやらなくていい部分を自動化する時代です。そして、人件費や人材不足対策となり、さらに結果的には売上アップが実現するのですから、営業でお悩みの企業では検討をする必要性は高く、販売力を強化することができます。

Marketing 7

- まず、知ってもらうことの重要性を知る。
- そのため広告はつねに行う必要がある。
- 〝必要だ〟と思わせるアプローチは、効果的ではない。
- 顧客に〝欲しい〟と感じてもらわなければならない。
- マーケティングを学んで広告を出す。

ウ Marketing 8 ウェブに関するマーケティング

デジタルマーケティング

「ウェブマーケティング」というのも、自社のウェブサイトを中心にマーケティングを行うという概念です。それに変わって、「デジタルマーケティング」とは、顧客獲得・売上拡大をデジタルなメディアで行うということです。

デジタルな世界では、そこに人間の姿を表示させることで、それを利用する人に安心感を与えます。ホームページもSNSも同様です。

デジタルのサービスには、そのメディア特性により様々な効果をもたらします。そして、デジタルでのマーケティングだと、効果測定やマーケティング戦略を立てるうえでのデータを蓄積することができます。

これを利用したデジタルマーケティングツールが「MA（マーケティング・オートメーション）」です。見込み客を他社より先に見つけ出すことができます。

また、自社に合ったデジタルサービスを利用することで、お客さまに利便性を感じさせることができます。

「利便性」というキーワードは、これからも重要なキーワードになります。スマートフォンで、自社の情報を簡単に見てもらうことができます。動画で商品紹介をすることができます。実際、靴のネット通販サイトのザッポスでは、一つ一つのシューズをスマホ動画で紹介しています。リアル店舗では、何度も多くの商品の説明を聞いたりすることができません。ですから、リアル店舗より親切なサービスです。不要なら、次のアクションが簡単にできるのも便利です。

ホームページ活用の大きな間違い

そもそもホームページ制作をオーダーされる経営者のほとんどが、ホームページで利益を得るための考え方が間違っています。

ホームページやウェブツールは、今までにあった何かをデジタルで行うということです。ホームページには、ハローページで業者を探す代わりに検索サイトというものがあります。また、営業マンの代わりに３６５日・24時間、自社をアピールしてくれます。

ですが、それにはホームページ運営で、最新のコンテンツに更新するオペレーター（ウェブ担当）が必要になります。そして、そのオペレーターは、自社が扱う商品やお客さまのことを知る必要があります。つまり、営業マン１人分の作業の代わりにホームページ運営のオペレーターが必要になります。そして、そのオペレーターが何人分かの営業マンの代わりをするということです。

その人材が確保できなければアウトソーシングするべきです。

ホームページで利益を得るためには、ブログやページを更新する運営者を設け、教育する必要があります。しかし、ほとんどの企業が、それを行いません。ですから、それを行った企業だけがダントツにホームページから利益を得ています。弊社では、忙しいお客さまの代わりに更新代行などのサービスを行っています。それは、ホームページをオーダーしてくれたお客さまに費用対効果以上のものを提供するためです。

まとめると、ホームページは運営が命だということです。制作する前のマーケティング・制作・運営という3つのファクターにお金・時間・人がかかることを理解してください。

そして、営業マン数十人分の成果を上げることが可能になります。

ホームページ上の見込み客にオファーをする

広告やホームページでは、見込み客に行動を起こしてもらうためのオファー(申し入れ)が必要になります。例えば、同じ商品のページを3回ほど見ているデータのない潜在見込み客に、ホームページ上で特別なオファーをして、購入に結びつけることができます。具体例としては、「○○日までに申込みをするとオプションの○○ついてきます」のように自社のホームページを見ていなくてもそれらを表示させることもできます。このホームページの機能の進化を自社の売上アップに活用できます。

これらはSATORIというMAで行うとさらに効果的です。

目的に沿ったホームページ利用を

例えば、B to B営業上のプロセスで、問題点をホームページで補うという具体的な目的でホームページを制作します。これによって、スムーズな営業が行えます。

また、B to Bの業態では、オウンドメディア・マーケティングを実施することで、顧客を抱え込むこともできます。このオウンドメディア・マーケティングは、売ることではなく、扱い商品についての知識や情報を提供するホームページを作ることです。売込みのサイトでは、購入時しかアクセスされません。そこで、生活情報などを提供するサイトを作ることで、顧客に自社を好きになってもらう手法です。

このように「売上拡大」の前のプロセスをホームページ制作の目的に設定して、結果的に売上拡大を達成できます。

SNSというメディア

SNS（ソーシャル・ネットワーク・サービス）・ソーシャルメディアという言葉が使われるようになって、10年近くになります。これらのサービスの利用で大きなミスを犯すケースがあります。それは、「無料サービス」だということです。無料だからといって、いい加減に扱ってしまう経営者が少なくないということです。

特にフェイスブックなどは、人間力でファンを惹きつけるためには、重要メディアです。経営者のパーソナル・ブランディングにより、ブランディングや直接的なリアルな成果を得ることができます。私のお客さまだった工務店の社長は、毎朝15分の利用で、年間2棟の住宅受注のきっかけを作っています。

友達をリスペクトし、自分の意見を押し付けず、仕事に情熱を持った姿勢をフェイスブックで表現することで、人間力の高いブランディングをし、自社のビジネスに良い効果をもたらせるのです。フェイスブック上で、親切な行動をすれば、そのまま親切な企業としてのブランディングが成立するのです。

SNSでもリアルな世界の人間関係でも同様ですが、SNSには、オーソリティが多くのフォロワー（フェイスブックでは友達）を集めています。私は、アメリカの友達とこの人たちのことを「酋長」と呼んでいます。この酋長に気に入られれば、桁違いのフォロワーを獲得できます。

フォロワーの数が５０００を超えたところぐらいからビジネスに活用できるようになります。しかし、フォロワーを作ったり、フェイスブックで友達を増やすには、時間がかかります。そして、友達にビジネスの話をしても効果がありません。ＳＮＳでは、比較的安価な広告を利用することをおすすめします。

インスタグラムではＡＩを活用して、フォロワーを増やすサービスも利用可能です。これらを上手に使えば、ＳＮＳをビジネス活用できます。

デジタルマーケティング時代のＳＮＳ

スマートフォンを利用したマーケティングが、費用対効果が高い広告となります。そして、ＳＮＳで集めた顧客にＳＮＳでそれぞれの友達に共有してもらうためのシステムを作ってください。ＳＮＳで口コミのスタートをするのです。

実際の購入者が喜んでいる姿が潜在顧客に届くと、信じられないほどの効果があります。ＳＮＳのユーザーは、宣伝より、利用者の声を重視します。その特性を利用してマーケティングを行うことを、ＳＮＳを利用する時には忘れないでください。

オムニチャネル

セブン&アイ・ホールディングスなど先進的な企業は、すでにオムニチャネルを実施しています。これは、ネットで購入した本をお店で受け取るといった感じで、ネットとリアル店舗をつなげる概念と考えてください。

この考え方を簡単に説明すると、リアル店舗にない商品を、逆にリアル店舗でネットショップを利用して販売することもできます。これらのデジタルとリアル店舗を利用した販売方法は、スマホとの融合が簡単な若年層や主婦には受け入れやすいマーケティングです。

Marketing 8

- ●ホームページは運営が命です。
- ●目的に合ったホームページ制作が必要です。
- ●デジタルマーケティングの活用を考えましょう。
- ●SNSを活用するにはパーソナル・ブランディングの強化を図る必要があります。

Marketing 9

ビジネスモデルを考える

収益構造を変えるフロントエンドとバックエンド

リピートが望めるビジネスでは、最初の取引は、フロントエンドと考えます。フロントエンドには、営業経費や広告経費がかかります。バックエンドは、リピートや次のアクションのことをいいます。リピートにより、次からは継続した利益が見込めます。ちょっとした商品開発により、更に収益を高めることができます。

そこで、このリピートから収益構造を変化させることができます。一度顧客になってくれたお客さまは、その会社のファンになります。

ECサイト（通販サイト）や通販ビジネスでは、サイトに登録させることが、フロントエンドとなり、サイト広告より経費のかからないメールを使ったバックエンドによる販売を行います。

ですから、ECサイトを始めるときには、登録者数をより多く獲得するための投資とシナリオが必要になります。

リピートが望めないビジネスでも、このフロントエンドとバックエンドのマーケティングは可能です。

1度目は「お試し」など、できるだけ他社に負けない、利益を度外視したサービスを行うと、バックエンドの商品を売ることが簡単になります。このバックエンドで、しっかりと収益を得ることができます。

また、毎月費用を請求できるような顧問料が設定できる可能性のあるビジネスは、顧問料で継続的な収益を拡大することができます。

ホリエモンこと堀江貴文さんのブログには、「ビジネスの4つの原則」が書かれています。読んでみると彼は意外と地に足がついたマーケティング感覚があります。

彼の唱える、〝ほぼ上手くいく「ビジネス4つの原則」〟は次のようなことです。

1　初期投資が0もしくは、小資本で行えるビジネス

2　在庫をもたないこと

3　利益率が高いこと

4　永続性が見込めること

これは起業家に向けた原則なのでしょうが、私がこれに加えるなら、「その仕事が好き

で、楽しく思えること」を追加します。

この堀江貴文さんが唱える4の部分がこのビジネスモデルの話になります。現在事業を行っている方は、2・3・4に注目してください。

また、新事業を行うときには、この原則を参考にしてください。

例えば機械販売では、製品価格を他社と差別化できるようにして、メンテナンス料金を義務づけて、2年後くらいには、通常価格の販売価格より高い収益を得ることができます。

そして、なによりお客さまと「繋がる」ことが大切なのです。

顧客と繋がっていることにフォーカスすることが必要です。新商品やキャンペーンを行う時に、自社リストにDMを出すことが他の広告やウェブ広告などより効果的です。一度購入してくれた顧客を大切にすることです。

バックエンドでは、ビジネスラインアップを増やすことができます。更に収益を高めることができます。

会計事務所なら、経営診断プラン・経営計画作成プラン・事業承継計画プランなどなど、収益拡大ができます。

しかし、このマーケティングには、自社顧客リストがある一定数必要です。その一定数を獲得するために、新規顧客を獲得するときに、このフロントエンドとバックエンドマーケティングを考慮する必要があります。

加えて、新規顧客を増やしたければ、既存客にアプローチすることです。既存客に「感動」を与えることで、新規顧客を増やすことができます。

これからの時代のキーワードは、「共創」

「共創」とは、「共に創る」という意味です。1社では、顧客の「よりもっと」に対応できなくなります。ですが、2つもしくは、複数の企業が共に創り出すサービスにより、より高い価値ビジネスが創造できます。

また、共創とは異なるのですが、ニトリのように製造業+小売業+流通業という3つの業態で1つのサービスを提供できる時代になりました。

Marketing 9

●フロントエンドとバックエンドのあるビジネスモデルをつくる。
●堀江さんの「4つの原則」を参考にして新規ビジネスを行う。
●共創がこれからのビジネスモデルのキーワードだ。

Marketing 10 行動力こそマーケティングには最重要

素直に行動をする

今は亡き船井総研の創業者、船井幸雄の著書にある彼が提唱する「成功の3条件」とは「素直、プラス発想、勉強好き」です。

この素直とは、学んだことを実行に移す行動力の源です。学んだことを素直に捉えて、すぐに実行することが必要です。失敗は覚悟で実行することをおすすめします。

どんなスポーツでも、守りに入ったら弱いものなのです。常に攻撃できるモチベーションを保つ必要があります。それには、多くの経営者に出会ってモチベーションを貰うことです。そして、多くの本を読むことも必要でしょう。

2つ以上の成功者が唱えることなら、すべて自社で行ってみる素直さが必要です。学び=勉強では、少し幼稚です。行動力・実行力。そして、選択と集中により小さな成果から大きな成果を得てください。

まず、本書を熟読して、名刺をデザインして、異業種交流やコンサルティング系の研究会などに参加して、得たことを自社に落とし込んでください。

動けば風が起こる

この言葉は、私の尊敬する長野県松本市の大沢税理士事務所の所長の大沢利充先生のよく使う言葉です。大沢先生は、税理士というより、マーケッターとして、私は尊敬しております。また、以前、先生がＰＨＰ出版やＮＨＫ出版で遺言書ブームの立役者となり、大ベストセラーになった『遺言書の書き方』『遺言書を書こう』『遺言書キット』のようなユニークな本を書かれています。また、破壊されようとしている現在の日本の家族の絆が保てるために円満な相続を扱う士業のグループである社団法人全国相続協会を設立しました。

「動けば風が起こる」

この言葉のとおり、小さな会社のマーケティングの成功要因は、経営者の行動力で決まることが多いのです。常に経営者のプラスの行動こそが大事な成功要因だと私は考えます。マーケティング戦略によるプランは、仮説によるテストの連続です。であれば、１つのテストを慎重に行うのではなく、素早く10のテストを行ったほうが、早く失敗を体験することができます。なぜなら、どんな登山家でも、一直線に山を登ることはありません。小さなプロジェクトでも、小さな成功を得るにも小さな壁や挫折を味わう問題に遭遇します。想定外のことに山ほど出会うでしょう。それでも少しずつでも変更・修正することで小さな成功を収めることができます。そこで必ずＰＤＣＡサイクルを高速回転させ成功をするのです。

もしくは、10回異なったテストをして、成果を得られないテストの中には、時期を待って再挑戦をしなければならないこともあるでしょう。だから、できるだけ多くのチャレンジを行うのです。なぜならば、時代の変化のスピードは今までにない速度だからです。そして何より、その失敗に対する対応や改善方法を考えることが早くできます。完璧主義というのは、マーケティングには不要の概念なのです。そもそも完璧なプロジェクトなど存在しません。

NOチャレンジ・NOフューチャー

（株）ファーストリテイリング代表取締役会長兼社長・柳井正が「ＮＯチャレンジ・ＮＯフューチャー」という言葉を使っていました。

未完成と感じても早く多くの行動をする必要があるということです。これは、元グーグル社の副社長で、前ヤフーのＣＥＯであるマリッサ・メイヤー女史も同様なことをグーグル時代に語っていました。「完璧なシステムなどない」という趣旨の話です。そして、「システムを世に出したら、多くのフィードバックを受け、修正を続ける」ということも語っていました。ですから、広告に関しては、自社の能力で、できる限り多く行うことです。そして、その費用は固定費と考えるべきです。必要なときは、経営者の役員報酬をつぎ込んででも、広告を出さなければならない時もあるかもしれません。広告をしなければ、今後の収益を得ることができなければ、現在の経費をすべて見直し、選択と集中によって企業活動を行わなければなりません。すべては、顧客が商品を購入して初めて事業が成り立つのです。

広告はロスが多く、成果が見えない点から経営者は、あまり真剣に考えないケースや一度のコンテンツで盛りだくさんの要素を盛り込んでしまい、得られるべき効果を低下させてしまいます。

ここでもドラッカーが唱える「選択と集中」を意識してください。

また、私のクライアントである看板業の社長も不景気になるとロードサイン（道路の脇の看板広告）などをやめてしまう経営者が多いという話をしていました。不景気で他社が広告看板などを廃止している時こそ、自社のチャンスとなるのではないでしょうか。

広告は、どれがどのような効果をもたらすのかなど、そう簡単に判断できるものではありません。

行動力こそマーケティングに一番重要なファクターです

それでは、大沢先生の話に戻します。先生は、まず、多くの人に会い、名刺を配るところからローカルのマーケティングが始まることを私に教えてくれました。先生は名刺をチラシと考えています。一つ一つ丁寧に名刺交換をする必要がありますが、その時、名刺のデザインが大きな問題になります。名刺は、企業の広告の一番はじめのステップです。ここを疎かにするとその先の効果が半減します。まず、プロカメラマンに撮影してもらった笑顔の自分の顔の写真・企業メッセージ・はっきりと相手に分かりやすい業種の表示が必要になります。そして、ターゲットに与えられるベネフィットを記載します。相手が、自社のビジネスに関わっていなくても、とにかく多くの人と名刺交換をする必要があります。私の仕事もこの名刺配りから多くの仕事依頼を受けます。

「動けば風が起こる」、すなわち行動すれば結果がついていくということです。そして、できるだけ多くの人に会うということです。ＰＴＡ会合・子供会・町内会・異業種交流会・商工会のイベントなど、可能な限り参加することです。そして、そこでプラスの行動を行ってください。

プラスの行動とは？

プラスの行動とは、人のために行動することです。またはレバレッジを効かせることでもあります。謙虚に学びの姿勢でイベントに参加するのです。イエス・キリストが、様々なところで、困っている人を助けたようにすることがプラスの行動です。

キリスト教は、イエス・キリストが大工の仕事だけをしていたのではなく、多くのイベントでプラスの行動を行ったから、世界中にキリスト教が布教できたのです。キリストのイベントと我々凡人のイベントは、大きく異なると笑うかもしれませんが、小さな会社の経営者でも、それなりのイベントでプラスの行動をする必要があります。

名刺を配り、地域や社会に貢献できる人間力のあるプラスの行動をしてください。そこで作り上げるパーソナルブランディング(人間力のブランディング)を構築してください。イベント後の飲み会などは、特に参加する必要はありません。その分、数多くの会合やイベントに参加してください。

分かりやすい言葉で言えば、小さな会社は、その会社の経営者が広告塔となる必要があるのです。当たり前のことかもしれませんが、この点を理解していない経営者は少なくありません。もちろん、今のビジネスが順調に行き、自分の思うとおりに行っている経営者には無用の話かもしれません。新しいチャレンジをする人や更に上を目指す経営者は、地域の異業種交流会では物足りなくなったら、更にグレードの高い経営者が集まる異業種交流会に参加する必要があります。

「動けば風が起こる」とは、当たり前のようなことですが、「行動力」です。それはとても重要な要素です。そして、マーケティングを成功させる原動力であり、「決断力」と同様に成功の重要な要素なのです。

リクルートに関する広告

今、製造業だけではなく、土木建築業・介護などの現場では、多くの人材が不足しています。しかし、事務系は、買い手市場になるのではないでしょうか。なぜならば大手銀行などもＡＩ（人工知能）や囲碁や将棋に勝ったディープラーニング（深層学習）の利用で、多くの仕事は人間が行う必要がなくなるからです。

そのＡＩの時代の前にも「ＲＰＡ（ロボティック・プロセス・オートメーション）」、パソコンでの事務処理を自動化するロボット化が躍進します。

そんな時代では、新しい仕事が創造されます。つまり、時代に対応できる人財を確保することが企業の重大事項になります。

そこで、重要なのがビジョンです。楽しい職場・楽しい仕事を与えることこそが、経営者の役割だとすると、それらを伝えるのがリクルート（採用募集向け）広告の役割です。そして、広告だけでなくそんな会社を作る必要があります。

これも販売促進する広告と同様、企業が求める意欲を広告として見せるべきです。経費を抑えるだけではなく、「ここまでやります。人材確保には」というアピールが必要になります。どんな企業でも30歳代前後の社員が一番活躍するのではないでしょうか？　それには新卒者を獲得して育てる必要があります。

また、（株）ＰＨＰ研究所が発行する雑誌「ＴＨＥ21」では、東京大学大学総合教育研究センター准教授・中原淳さんの「大学２年、もしくは３年生の前半で就職が決まっている学生が増えている」という記事を読みました。

経団連に参加していない企業には、採用活動開始時期は関係ないようです。特に外資系は、コラボ事業などの名目で採用活動を行っているようです。ですから、学生向けのイベントやインターンシップなどが重要になるのではないでしょうか？

Marketing 10

- ●素直に行動する。
- ●動けば風が起こる。
- ●チャレンジなしの未来はありません。
- ●プラスの行動で人を惹きつける。

Marketing 11

これこそが会社を成長させるマーケティングの鍵

この章こそ、自社で検討していただきたい企業の継続的成長のために重要なマーケティングの仕組みづくりです。

この仕組みづくりで、継続した企業の成長が望めます。時間はかかるかもしれませんが、仕組みをつくらなければ、経営者は常に来月・来期の売上についての不安を抱きながら経営しなければなりません。そのために「顧客」についての正しい概念を理解して、この仕組みづくりに取り組んでください。

この仕組みづくりは、企業の状況によって異なります。成熟した企業・業種であるか、まだ成長過程の企業・業種であるかにより大きく異なります。

そこで、成長過程の企業と成熟されている企業についての2つのパターンに分けて解説します。

4つの顧客という概念

ビジネスには、当然ですが「顧客」が必要です。「潜在顧客」「見込み客」「顧客」「固定客」という4つの種類の顧客がいます。この顧客の変化はつながっています。

図3は、成長過程の企業のケースです。

市場には、自社がターゲットとする潜在顧客が存在することをまず確認する必要があります。つまり、「自社の商品を市場の潜在顧客が価値あるものと認める可能性があるのか」ということです。そして、潜在顧客から自社の商品に価値が見込まれると認識ができたら、その潜在顧客を自社の商品の見込み客化する必要があります。この見込み客数が多いとビジネスはとても楽な展開ができます。次に見込み客を顧客化する確率が高く、見込み客を増やせれば、当然のように売上は拡大します。

まず、この見込み客獲得にフォーカスして、マーケティングを行います。その方法を全社員で考える必要があります。「売る」のではなく、「見込み客」のリストを集めるという作業になります。

また、「固定客」という概念は、リピーターです。リピーターを拡大すると利益が拡大されます。一度顧客になった人や企業に固定客に

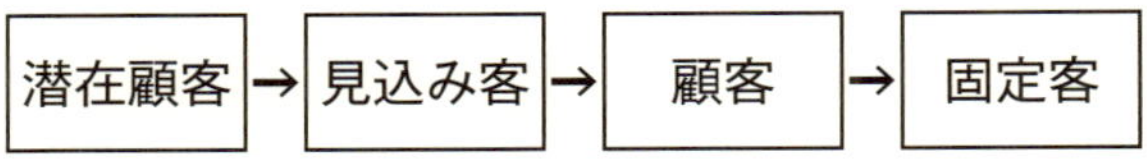

図3

なってもらう作業を行うと、業績拡大が実現します。

それぞれの「顧客」に適合したマーケティングを行う必要があります。これをＫＰＩ（重要業績評価指標）で設定します。ＫＰＩは様々な設定方法がありますが、ここではマーケティングで利用するＫＰＩを解説します。

自社で重要だと思える業務を決めます。各事業の重要業績要素を数値化します。そのときにＣＲＭというＢＩツールはとても役立ちます。

そして、その数値に基づきＰＤＣＡサイクルで各担当がプランを立て、発案(P)・実行(D)・評価(C)・改善策を実行(A)するのです。ＫＰＩの考え方で重要業績要素を数値化するので、各社員・各担当でもその浮き沈みがよくわかります。

見込み客数が低いなら、それを向上させるためにＰＤＣＡサイクルによりウェブやＳＮＳ・広告などのセールスプロモーションを行う必要性が見えてきます。見込み客からの成約率を高めるためには、メールやＤＭを送ります。または、成約のための資料の検討なども必要になるかもしれません。見込み客だけにイベントやキャンペーンなどを企画する必要もあるかもしれません。

このようにＫＰＩのもとで、ある主要業務を割り出して、企業の成長の設計図として社内で作業分担させ、ＰＤＣＡサイクルを回すことで、企業が成長できるパラダイムシフトが発生します。

見込み客の概念を大切にする

ものづくりや工事などの作業がある業種の経営者が陥りやすい欠点とは、製造や工事だけに目を奪われることです。確かに商品・製品の質は大切です。しかし「良い商品・良い製品」だからといって売れるわけではありません。売り方が見込み客を惹きつけないと売れません。

売れて利益が出たら、更に商品の質を高めることもできます。まず、多く売ることが重要です。

そのためにも見込み客という概念を持って、この見込み客を数多く確保することが継続した売上拡大につながります。

ここで注目したいのは、継続した成長には、各社員がＫＰＩの数値をもとにＰＤＣＡサイクルによる継続した改善を行うことが必要ということです。

例えば、木工場であれば、職人にも役割分担をします。固定役の育成のための生涯顧客化（ＬＴＶ）活性化担当として、ＬＴＶの数値を高める作業をＰＤＣＡサイクルにより実行していただきます。

工事が関わる事業では、工事担当にも同様です。顧客との会話やサービスについて、リピーターや紹介が得られるためには、何をしなければならないのかを考えてもらいます。そして、実行してもらいます。上司や経営者は、その結果ではなく、その過程に対して、アドバイスをします。売上の結果ではなく、そこに導くためのプロセスである各部分に注目しています。

飲食店や美容院などのケース

これらの事業では、図４のように、この３つの要素について数値化します。来店客が少なければ、ＳＮＳや広告・看板などを検討します。多くの人に来店してもらうためだけの企画をＰＤＣＡサイクルで実行してもらいます。

客単価が低ければ、メニュー・価格などを検討して、リピーターが少なければ商品や接客などやクーポン発行・会員システムなどを検討します。

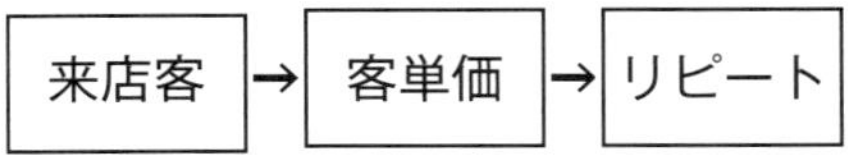

図４

成熟した企業では？

成熟した企業であれば、新商品開発・利益などになります。人材の育成も必要になるかもしれません。５ＳなどもＫＰＩにすることができます。しかし、これらの企業に必要なのは、新商品についての研究開発ではないでしょうか。ですから、これらの重要事項の達成度を数値化します。

成熟した企業では、まさしくイノベーションが必要なポジションでしょう。企業が成熟すると追随するチャレンジャー企業が攻めてきますので、その対策も行わなければなりません。

ウェブ制作会社のＫＰＩ

弊社では、ホームページを制作しようと考える企業のリストが必要になります。弊社の考え方に興味を持ってくれる見込み客のリストを集める必要があります。しかし、その前の潜在顧客の状況も常に見ておく必要があります。それを踏まえて、見込み客をどのように集めるのか？　その見込み客をどのように結びつけるのか？　顧客となった企業がしっかり業績をアップしているのか？　これを数値にするためにＢＩツールであるＣＲＭを活用しています。

図5

図5の見込み客の数が多ければ、経営者の不安は薄れます。ですから、自社のウェブサイトは、見込み客を獲得する方法を常に模索しています。

弊社では、ホームページからのお問合せはたくさんあります。それは、たくさんの受注を狙っているのではなく、たくさんの見込み客を獲得する目的で自社のホームページを作っています。

ネットショップでやること

ネットショップなどでは登録会員を増やすことにフォーカスすることです。それにより、見込み客や顧客に対してメールで販売することができます。

このようなＫＰＩの一つ一つにどんなマーケティングをするのかを検討する必要があるのです。

ＫＰＩで自社が一番弱い部分を強化する

問題は、設定したＫＰＩのどの部分に対して、「どのようなマーケティングを行うのか?」ということになります。自社のマーケティングの設計図に基づきPDCAサイクルで常に改善をしていくのです。

見込み客を獲得するには、SNSが必要だというプランが発案されればPDCAサイクルを活用して、SNSの活用法を考え挑戦するのです。そして、SNSを利用した結果を評価して、改善策を探してください。

売上単価が低ければ、商品を考える必要があります。つまり、自社がこれらのプロセスで、どの部分が弱いのかを数値で確認して、それを社員が理解して、PDCAサイクルの活用により、常に成長を続けるのです。

これを全社員で行うことを私はおすすめします。電話応対をする人・配達する人・製品を設計する人・製品を作る人……すべてが、このKPIについて、数値を高める作業をしてください。

お客さまのためにできることを全社員が一丸となってマーケティングを行うことをおすすめします。

マーケティングについてのまとめ

マーケティングには、経営戦略に関連する部分や商品開発等の経営的な要素と現場で顧客と接するためのマーケティングがあると私は考えます。世間で多く語られているのが、後者のマーケティングです。

経営戦略に関連する部分や商品開発等では、市場の変化と顧客の変化にフォーカスする必要があります。

顧客と接するためのマーケティングでは、購買者の心理や購買しない人の心理を探る必要があります。そして、どちらも未来に対して行うギャランティ（保証）されている行為ではないということです。

完璧なマーケティングなどないのです。ですから、失敗は限りなく発生するでしょう。しかし、失敗は成功のスタート地点なのです。

遥か昔に、小坂明子さんの「あなた」という曲が大ヒットしました。「もしも私が家を建てたなら……」と始まるこの歌には、女性の家に対する夢が描かれています。つまり、この女性は、家の構造や木材や建て方などの意識はありません。誰と暮らす生活なのか？　どんな生活をするのか？　これらが重要な目的なのです。それを求めるための家づくりなのです。このような購入者の期待にコミットするのがマーケティングなのです。

もちろん、現在は、このような夢ではなく、もっと現実的な変化を顧客は求めるでしょう。

更に昔の話をしましょう。私は広告業に入って間もない頃、日産の広告に関わっていました。当時トヨタは、「いつかはクラウン」と経営者のシンボルとした自動車を開発しました。そして、マークⅡは、サラリーマン課長が乗る車と定義されたような商品でした。このように当時の日産とトヨタでは、広告制作を行う前に勝負はついていました。

また、20歳の終わりに初めて赴任したニューヨークでは、当時、TVのスイッチをつけると電話番号が表示された広告が目につきました。その時は、「アメリカの広告は遅れているな～」と感じました。しかし、それがダイレクトマーケティングだったことを数年経ってから知りました。これらの広告手法は今、日本で盛んに行われています。

アンディ・ウォーホルに惹かれた時代から、プロアクティブでお馴染みのダン・ケネディの高額なセミナーでたくさんのマーケティングを30歳代から40歳代の時には学びました。やがてインターネットの時代には、多くのネットビジネスも学びました。そして、今、長野県というローカルでは、ローカルという特性を学んでいます。

そもそもグローバルマーケティングとは、各地（ローカル）の特性に合わせるということです。NYのローカル、シンガポールのローカル、東京のローカルと地区によっても異なるマーケティングがあります。

そして、20年以上使用しているアップル製品（以前はマッキントッシュ）のスティーブ・ジョブズのマーケティングが衝撃的でした。製品開発も優れていますが、価格帯やコンピュータ界の常識を破ったアップルショップのデザイン性の高さには感動しました。これまでのコンピュータ売り場を変えました。ですから、マックをコンピュータという概念だけで購入する購入者は少ないと私は思います。

そして、アップルイベントは、信じられないほど衝撃的なマーケティングです。

２００５年のスタンフォード大学のジョブズのスピーチは、翻訳するごとに私の仕事に対する考えを変えました。

特に彼のスピーチの３つの項目の最後です。

（私の翻訳）

私は17歳のときに「毎日を人生最後の一日だと思って生きれば、いつかその通りになる」という言葉を知った。そして、その日を境に33年間、私は毎朝、鏡に映る自分に問いかけるようにしているのです。「もし今日が最後の日だとしても、今やるだろうか？」と。「それは違う」という答えが何日も続くようなら、ちょっと生き方を見直せということです。

そして、その日がいつかくる。

人生は一度きりです。自分では決められないその人生が終わる時が必ず来るのです。であるならば、こころから「天職」と思える仕事を楽しんで行う必要があると思えました。すなわち、私にとってマーケティングも経営も楽しいのです。例えば、大手企業・銀行・証券会社・役所に私が勤めては、どんなに人を幸せにできても、そして、金銭的に裕福になっても、私は楽しく感じないでしょう。

Marketing 11

●潜在顧客、見込み客、顧客、固定客を区別して考える。
●重要業績評価指標を設けて、全社員でマーケティングをする。
●常にＰＤＣＡサイクルで、指数を高める。

Marketing 12 マーケティングが上手な成功企業

インバウンドに徹底したホテル経営

大阪の道頓堀ホテルの橋本社長・橋本専務は、マーケティングの達人です。道頓堀ホテルは、今だから当然のように感じるかもしれませんが、インバウンドに特化したビジネスホテルです。実は今、この原稿を書いているのもこの道頓堀ホテルの一室です。実際、ホテルの宿泊者として、道頓堀ホテルを分析したいと感じたので、宿泊してみました。

参加企業の約80％以上が黒字経営の日創研経営研究会の講演で、私は橋本専務を知りました。このホテルのターゲット設定はペルソナを行っていて、「自社のターゲットのお客さまには150％満足をしてもらう」と自信を持って語っていました。「中小企業がすべてのゾーンのお客さまに満足してもらうことはできない」とも語っていました。

このホテルは、道頓堀という立地は良くても、建物自体は古く、「素敵なホテル」とは言いがたいことは事実です。しかし、リピーターを寄せ付けるための細かなサービスは、ターゲットなら泣いて喜んで満喫していることでしょう。まるで、中国か台湾に宿泊している気分のロビーです。

具体的には、無料国際電話、夜10時からのラーメン・ワイン無料サービス、コーヒー・マッサージ機無料など企画も盛りだくさんです。日本の大手旅行代理店との取引もなく、大阪難波、道頓堀に訪れる東南アジアの旅行者を引き寄せています。

また、経営理念と働く社員さんの思いが一致している素晴らしい経営をしています。つまり、社員さんたちの多くはターゲット国の2世で、「日本と海外の橋渡しをしたい」とこころから思っている社員を採用するそうです。「単なる宿泊の場」を提供するのではなく、「感動していただき、日本を好きになっていただくこと」を目的としている、経営者と社員が一体になれる素晴らしい経営です。他宿泊施設では見かけないサービスを多く提供しています。

この目的にあった、マーケティングの基本である「誰に」を絞り込んでいるのです。ですから、マーケティングも複雑ではなく、宿泊者の思いを理解するうえでは、シンプルに考えられるのでしょう。

ここでは、経営理念に沿ったマーケティングを行っているということです。ですが、道頓堀ホテルの絞り込んだターゲットへのマーケティングの例を、どのように自分の会社に当てはめるかが大切です。

「立地が良いのでは?」「インバウンドだから?」「宿泊業だから?」と感じた人には、

多分優れたマーケティングはできないでしょう？

自分で自分に制限をかけずに、マーケティングを学んでください。マーケティングを学ぶと決断力もついてきます。

タクシー会社からの学び

「お客が先、利益が後」という経営理念こそ、マーケティングそのものの経営ではないでしょうか。

長野市の中央タクシー（株）は、私が松本市の自宅から年に数回利用する、国際空港までの航空便という乗合タクシーを運営している会社です。

松本市は、私は移住して10年以上経ちますが、とても素敵な街です。しかし、公共交通の便がよくありません。まず、海外に行く場合、午前中の便に搭乗するには前泊が必要ですし、逆に帰国の際も、午後の到着便ではその日のうちに自宅には帰れません。そこで、自宅から1名でも利用できるこの空港タクシーは、本当にありがたいサービスです。

ですが、「1名からでも」のコンセプトは、事業が軌道に乗るまでには、「本体のタクシー事業にも影響の出るほどだった」と現会長・宇都宮さんからお話を聞きました。

ここで、私が感じたのが、どんなに顧客が喜んでくれるサービスでも、利益を出すまでには苦労があるということです。そして、たとえ利益が出なくても「1名からでも」と決めたコンセプトをブレずに行うことの大切さを改めて感じました。現在は、長野県だけではなく、新潟県・群馬県・埼玉県・山梨県などでの事業を行っています。

また、長野オリンピックの当時、オリンピック運営側からタクシー全車の一括利用の依頼があったそうです。その時、宇都宮さんは断ったそうです。その理由は、常時タクシーを利用してくれる高年齢者に不便をかけるという考え方です。結果、他のタクシー会社は、長野オリンピックの年は通常より遥かに売上は上がったそうです。しかし、現在でも「タクシーは〝中央タクシー〟」という高年齢者のブランディングが構築されています。

雪で到着時間に間に合わなかった時には、利益を度外視して、なんと他の便への搭乗手配をしたとも聞きました。また、当日代替のフライトがないお客さまには、最高級ホテルで、高級ワインなども自由に飲んでもらい1人・100万円以上かけて対応し、お客さまには喜んで旅を楽しんでもらったそうです。

このように経営理念が顧客に向いている素晴らしい会社だということです。

そして、マーケティング的には、このハプニングを旅行者は人に話し、口コミが始まります。人は感動すると他人に話したくなるのです。そして、今の時代はSNSの口コミが拡散される時代になりました。顧客に満足感を与えるのではなく、感動を与えてください。

宇都宮さんは、しっかりと顧客を見ていることに感動しました。

「天職」を唱え、着物の可能性を追求する、私が尊敬するべきマーケッター

私の尊敬する人の一人に（株）たちばなの松本秀幸会長がいます。着物を販売する会社です。松本さんが月一度、長野市で開催している「理念と経営」という経営者勉強会では、毎回、力のつく経営のヒントをいただけます。

着物という衰退に向かっていると思われる市場で信じられない成長を達成した、長野市の成功者の一人です。そして、松本さんから受けた影響を一つ一つ挙げていくと一冊の本が書けるぐらいあります。詳しくは、松本さんが書かれた『天職発想で顧客づくりが見える』（三恵社）を読んでください。

松本さんは、ビル・ゲイツを抜いて長者番付世界一になったアマゾン創業者のベゾス氏のような発想をされると、私は感じています。それは、「今できることで何かをするのではなく、お客さまが喜ぶことは何か？」からの発想です。

すなわち無限の可能性のビジネスプランを考えられる人です。

ここで、私がいただいたアドバイスで、一つだけ今でも実施しているものをお伝えします。それは、「日本一を目指す企業を支援する」というキャッチコピーです。松本さんは、

「こんなキャッチコピーがあったら、〝なんだか分からないけど話を聞いてみたくなる〟」と私にアドバイスしてくれました。

まず、「日本一を目指す企業に」というフレーズは、自社がレベルの高い企業であることをセグメンテーションして、ターゲッティングまで示しています。

しかし、日本一とは、様々な日本一があります。規模やシェアではなく、他の要素で日本一を取ればいいのです。

話を松本さんに戻します。松本さんの本にも「日本一を目指す経営」について説かれています。

日本一とは、規模のことや売上高のことではありません。もちろん、規模や市場シェア日本一は素晴らしいことです。ですが、ここでは、もっと手の届きそうな日本一を目指します。

「着物の知識日本一を目指す」など、しっかりした方向性と「天職であるから、誰よりも自分は……」という、私の言葉ではミッションと同様になります。

着物需要を広げるのは大変なことだと思われるでしょうが、私には松本さんは楽しくやっているようにも感じられるのです。

Marketing 12

●ペルソナでターゲットを設定して、150％満足してもらう。
●経営理念が顧客に向けている中央タクシーの経営
●天職経営で、不可能を可能にしてしまう経営

編集後記

本書では、最新のマーケティングにあまり触れていません。それはまず、経営者が行う経営に関わる戦略部分や経営理念に関わるマーケティングと戦術や手法であるマーケティングの部分があり、大きな意味で経営者に対して顧客の変化を見てほしい点であるから、これから重要になっていくデジタルマーケティングについての記載が少ないのであると感じます。これからは、デジタルとアナログのマーケティングを使い分けることが重要になるだろう。しかし、ローカルの小さい会社のビジネスでは、それほどデジタルマーケティングを活用することはできないと私は考えています。しかし、小さな会社ほど生産効率を高めるためには、デジタルの活用は不可欠です。

また、ウェブ上にある様々な低価格のマーケティングサービスは活用できます。しかし問題は、そのマーケティングサービスの選択です。ですが、使ってみなければ分からないのも事実です。

自社の販売のプロセスで、強化しなければならない事項をフォーカスして、そこをデジタル化する必要があります。また、人手不足で、十分な顧客フォローや新規顧客獲得のための作業が行われない点もデジタルで対応できます。

そして、何よりも『コトラーのマーケティング4.0』に記載されたように、スマートフォンユーザーに取り入れられるビジネスモデルにする必要もあります。

また、マーケティングを学ぶと経営的戦略の部分とウェブや広告のような戦術・手法と言える2つの要素があります。もちろん、どちらも同様に未来に対して行動する行為です。ですから、小さなテストをしながらスピーディーにマーケティングは行わなければなりません。そして、テストの結果が良ければ大量な資源を注いでください。

私の考えるマーケティングが、この本で読み手の方に理解していただければ幸いです。

しかし、素晴らしい経営をされている多くのローカルの小さな会社でも、マーケティングを学んでいないのが事実だと私は感じています。ですが、経営者は売れる商品づくりには一生懸命です。もちろん、経営を真剣に考えているうえで、論理的ではなくても、素晴らしいマーケティングを行い成功している経営者もいます。

ですが、「顧客を見続ける」という概念は、実際に私が自社を経営するうえでも難しいのは事実です。ですから、第三者やコンサルタントにアドバイスを受けることも重要でしょう。

世の中には、完璧な人間も経営者もいません。そして、財務・営業・プロダクトなど、すべてに優れた経営者など、存在しないのではないでしょうか？ですから完璧なプロジェクトもありません。よって、経営者にとって、多くの知恵を他者から借りるのも経営者の能力となるのではないでしょうか。そして、借りたのであれば、返さなければならないのです。

企業経営で、とても重要なビジョンやミッションなどのことは、この本ではほとんど書きませんでしたが、企業は、所有するすべての種類の資産を顧客に向ける必要があります。もし、次に出版する機会があるなら10年ビジョンの重要性について記載してみたいとも思っています。

マーケティングとは、経営に最も重要なファクターなのです。それは、人事に繋がります。なぜなら、商品・製品・サービスなどを売らなければ企業は成立できないからです。売れば利益ができ、社員教育やシステムづくり・仕組みづくりができます。

その逆で、人が商品を売るのだから「人材教育が大切」と言いますが、経営や幹部社員に必要なリーダーシップを学ばせることのほうが重要であると私は感じています。

その理由は、多くの経営者から社員のやる気などについて相談を受けますが、調査をするとほとんどのケースで、その問題は経営者にあるからです。せっかく、人材教員機関に社員を送って、さらに人材教育研修を行っても、現実の仕事で経営者や上司が社員のやる気を削いでいるケースが多いからです。

また、経営者や幹部がしっかりとしたリーダーシップを学んでそれを実行していれば、正しい人材育成ができるのではないでしょうか。そして、ＯＪＴにより〝人材〟を〝人財〟に変えることが可能になります。

これらをまとめると、企業は売るためのマーケティングと社員という人を育てる人事が最も重要であるというドラッカー経営そのものに、その答えが出るのではないでしょうか。また、私が日本のローカルのビジネスに携わるようになって、その難しさやレバレッジを効かせたビジネスの重要性を知りました。

そして、多くの経営勉強会に出席させていただき、多くの尊敬する経営者に多くのことを気づかせていただいたことへの感謝の気持ちを、この場を借りて伝えます。

そして最後に、私のミッションは小さな素晴らしい会社を支援し、日本一の会社に成長していただくことです。

私にとっては、仕事や会社は、フィッシングと同じなのかもしれません。お客さまや社員に幸せになってもらうために、知識を養い道具を揃えて、釣り場に向かうのです。人生でかけがいのない楽しい瞬間を味わうために行う行為なのです。

「何かをしなくてはいけない」という作業やそれを費やす毎日ではなく、お客さまや社員が幸せになってもらえるための、一瞬の喜びの瞬間のための楽しい作業を行うのです。

そして、「感謝」の気持ちです。

マーケティングや経営は人間を知ることが重要であることも分かりました。

セミナーや書籍から、実践的で業績アップをすることのできるヒントを人は求めますが、それだけでは経営のすべての解決は望めません。

テクノロジーの進歩は、そもそも人の生活や考え方の根本的な部分の変化に影響します。また、今まで「正しい」と考えられたことや常識が覆されます。それは、だれも予知のできない世界となるでしょう。しかし、スタンフォードのジョブズの演説の２つ目の「点と点が結ばれて今のアップルがある」という話と「しかし、その点がどのように結ばれるかなんて、だれも想像できない」と彼は語っていました。

つまり、今を最大限に生きることにより、今の点と次の最大限に生きた点が結ばれることにより、一つのものが完成するということです。

この話はジョブズのスピーチの翻訳を読んでいない方には分かりづらいかもしれませんが、「今を大切に」ということです。それにより将来、何かとつながるということです、「ググって」みてください。

今できる最大の可能性を追求するために経営者は実践者として、マーケティングを学び

「自社をいい会社に」との思いのもと経営を行っていただきたいと思います。そして、それを1つの点にしてください。大きなパラダイムの変化のなかの小さな1つの点であっても、新しい点を作れば、それらが結ばれていくことになるのではないでしょうか。

この5年の変化こそ、今までの私たちが体験したバブル崩壊・リーマンショックを超えるようなパラダイムの変化となるのでしょう。そこにワクワク感を持って経営を行ってください。学び、それを知恵に変え、変化を求める経営者にはパラダイスのような時代が迎えられると私は信じています。

- テクノロジーがハイスピードで変化する中、パラダイムが大きくシフトします。
- そして、この2～3年先こそ、小さな会社のチャンスの時代になります！
- 点と点を結ぶ今を最大限に。

この本で、数冊の書籍を紹介して参りましたが、最後に私のおすすめの2冊を紹介させていただきます。

一つは、柳井さんの経営ノートです。私はこのノートをカバンに入れて経営についてのアイデアを読み書きしています。

『経営者になるためのノート』　柳井　正／著（ＰＨＰ研究所）

もう一つは、これから起業する方や若い経営者のための最高の書籍です。私は、彼のこの本に書いてあるような経営者になりたいと願っています。

『戦わない経営』　浜口隆則／著（かんき出版）

〈著者略歴〉

籔田　博大（やぶた　ひろお）

経済産業省認定経営革新等支援機関 株式会社
エイ・ティ・エフ代表取締役
1959年生まれ。長野県長野市・松本市でウェブ
制作会社・マーケティングコンサルティング会
社を経営。29歳の時からＮＹ、ＬＡ、マニラ、
シンガポールでＩＴ企業のマーケティングを学
び、現在、長野県松本市在住。
趣味は渓流釣り。

「いい会社にしたい！」と願っている経営者のあなたへ
小さな会社のマーケティングとは

2018年６月11日　第１刷発行

著　者　籔田博大

発行者　木戸ひろし

発行所　ほおずき書籍株式会社
〒381-0012　長野市柳原2133-5
TEL（026）244-0235㈹
web http://www.hoozuki.co.jp/

発売元　株式会社星雲社
〒112-0005　東京都文京区水道1-3-30
TEL（03）3868-3275

ISBN978-4-434-24765-1